GABRIELE VOIGT-PAPKE UND ALEXANDER WESKE

Wandern mit dem Hund im Weserbergland

25 abwechslungsreiche Touren

SUTTON FREIZEIT

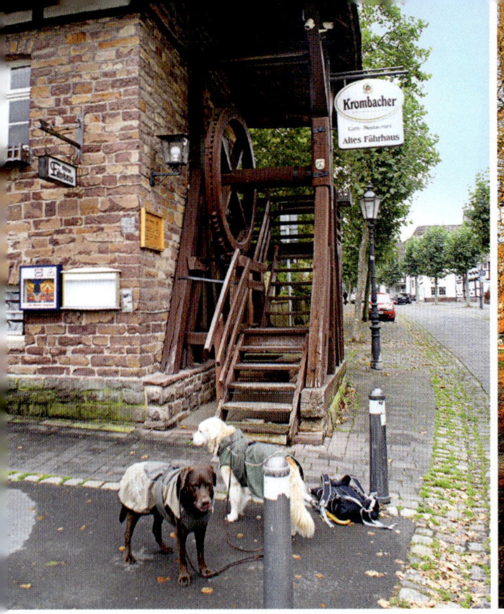

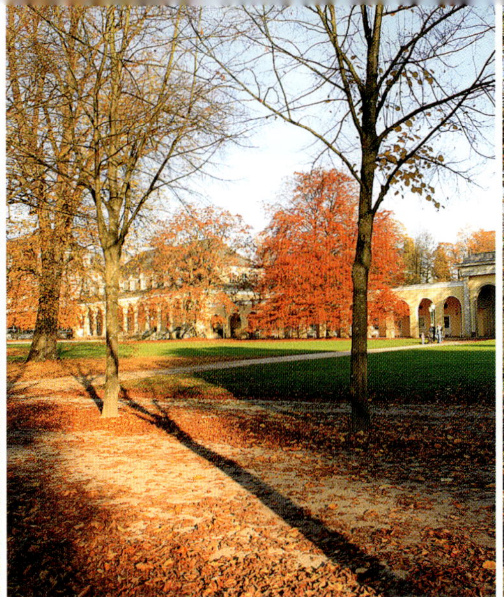
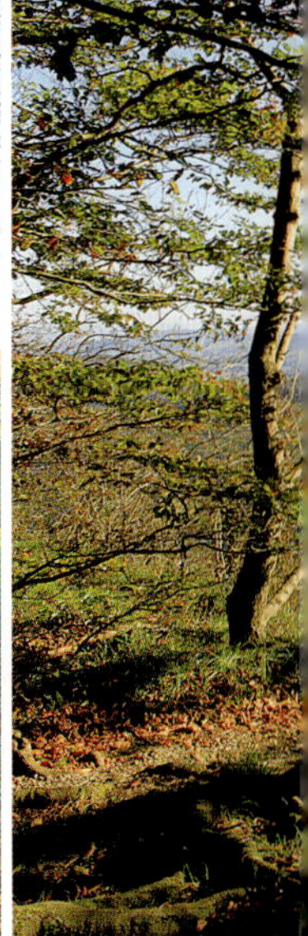

Inhalt

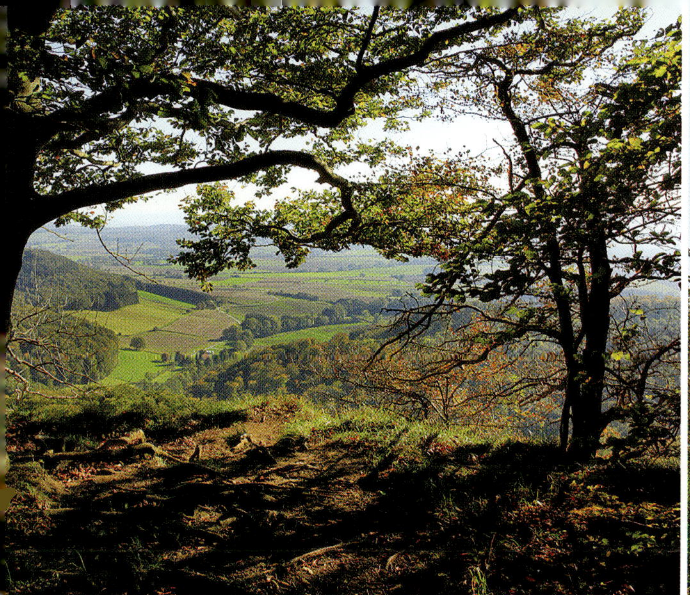

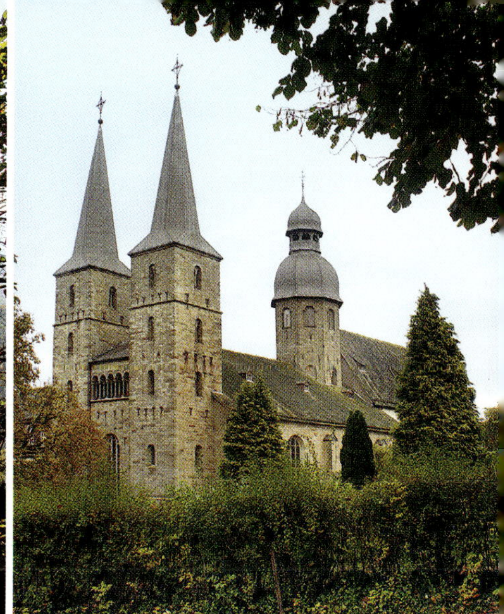

Vorwort

Einige Käufer dieses Buches werden sich fragen, wie man darauf kommt, einen Hundewanderführer zu schreiben. Nun, die Idee hatte ich im Jahr 2012, als ich während eines Friseurbesuchs in einer Zeitung einen Buchtipp sah: »Wien geht Gassi«. 2013 war ich mit meinen Hunden in Wien und hatte diesen Hundewanderführer im Gepäck, der mir gute Dienste geleistet hat, denn wir haben Ecken entdeckt, die ich alleine wohl niemals gefunden hätte.

Meine Hundedamen Ida und Grace sind mittlerweile Seniorinnen. Ida, die Labbidame, ist zwölf Jahre alt, Grace, der Golden Retriever, ist kürzlich elf Jahre alt geworden. Die Zeiten, in denen sie ausgedehnte Wanderungen mitmachen können, sind vorbei, da diese Wanderungen immer über Distanzen von zehn Kilometern und mehr gehen. Die Strecken führen über Stock und Stein, also mit teils erheblichen Steigungen und ebenso starkem Gefälle. Meine Hundedamen können noch zwei Stunden am Stück laufen, wenn die Wege flach sind.

Mein im Frühjahr 2014 erschienener Hundewanderführer »Wandern mit dem Hund in Ostwestfalen-Lippe« ist bei Hundebesitzern gut angekommen. Mein Sohn, Besitzer eines zweijährigen, sehr aktiven Magyar Viszlar namens Ferdinand, fragte, ob ich nicht auch einen Hundewanderführer für das Weserbergland, wo er wohnt, schreiben könne. Er würde mit Ferdinand die langen und schweren Strecken laufen. Also habe ich mich an die Arbeit gemacht.

Wir haben verschiedene Berge erklommen: den Jakobsberg bei Porta Westfalica, die Bückeberge, den Hohenstein, den Köterberg und den Reinhardswald, um nur einige zu nennen. Städte wie Bückeburg, Hameln und Bodenwerder haben wir erkundet, wir haben uns auf Pfaden der Götter und Mythen bewegt und die Schaumburg, Paschenburg, Hämelschenburg, Sababurg sowie die Abtei Marienmünster besichtigt.

Die Touren sind ganzjährig laufbar. Bei den angegebenen Gehzeiten handelt es sich um Mittelwerte, je nach Schritttempo können sie entsprechend kürzer oder länger ausfallen. Damit die Hundebesitzer, die gerne länger wandern, nicht zu kurz kommen, beinhaltet dieser Hundewanderführer diesmal auch Touren mit einer Länge von bis zu 18 Kilometern. Bitte beachten Sie bei Ihren Planungen, dass der Busverkehr in den Ferienzeiten und am Wochenende oft eingeschränkt ist.

Nun wünsche ich Ihnen und Ihrem treuen vierbeinigen Wegbegleiter viel Spaß beim Erkunden der wunderschönen und vielseitigen Region Weserbergland.

Folgendes sollten Sie bei Wanderungen unbedingt wissen und beachten:

Es gilt die Hundeverordnung der Länder Niedersachsen und Nordrhein-Westfalen. Hunde sind an der Leine zu führen. Leinen Sie Ihre Hunde trotzdem ab, geschieht dies auf eigene Gefahr und Risiko.
Nicht befestigte Wege sind meist nicht für Kinderwagen und Rollstuhlfahrer geeignet und können nach Regen sehr matschig sein. In Naturschutzgebieten werden aus Wegen oft schmale Pfade. Einige Orte sind an Wochenenden hochfrequentiert, da es sich um Naherholungsgebiete handelt.
Das Wichtigste für den Menschen ist festes, bequemes Schuhwerk. Auch wenn sie meinen, das ist ja nur eine kurze Tour: Mit ungeeigneten Schuhen haben Sie nur wenig Freude an der Strecke. Gucken Sie vorher in die Regenradar-App oder informieren Sie sich auf anderen Wegen über die Wettervorhersage. Nehmen Sie entsprechende Ausrüstung wie ein Regencape oder einen Schirm mit. Packen Sie einen Rucksack, wegen des Tragekomforts wenn möglich einen Wanderrucksack mit breiten Trägern. Nicht immer gibt es unterwegs eine Einkehrmöglichkeit. Nehmen Sie sich etwas Obst, ein Butterbrot und eine Süßigkeit mit – und natürlich ausreichend Getränke. Der Hund braucht Wasser. Also gehören stets ein faltbarer Wassernapf und eine Flasche mit Leitungswasser ins Gepäck. Haben Sie ferner bitte ausreichend Kotbeutel dabei, um die Hinterlassenschaften Ihres Hundes zu entsorgen. Auf den wenigsten in diesem Buch vorgestellten Touren gibt es Kotbeutelstationen. Sammeln Sie bitte auch Ihren Müll wieder ein. Nicht überall gibt es Mülleimer. Und stecken Sie eine kleine Schere und einen Klebeverband für den Hund ein. Der Hund könnte sich z.B. im Wald eine Kralle ausreißen. Für sich selbst benötigen Sie eventuell ein Blasenpflaster. Bei starker Sonneneinstrahlung sind Hut, Sonnenbrille und Sonnenmilch immer eine gute Option. Das Handy sollte unbedingt dabei sein, falls Sie sich verlaufen oder Hilfe benötigen.

Alles eingepackt? – Auf geht's!

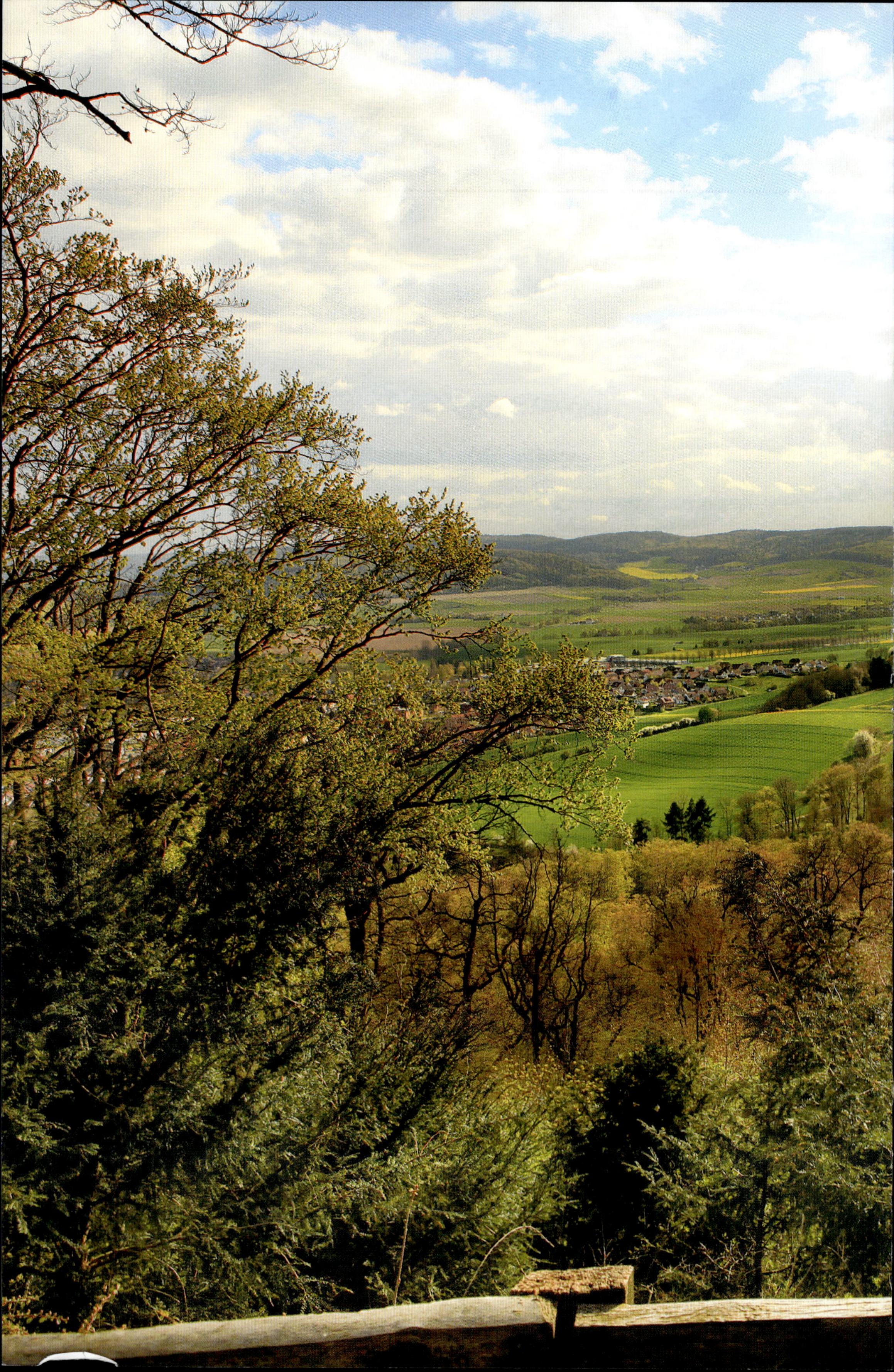

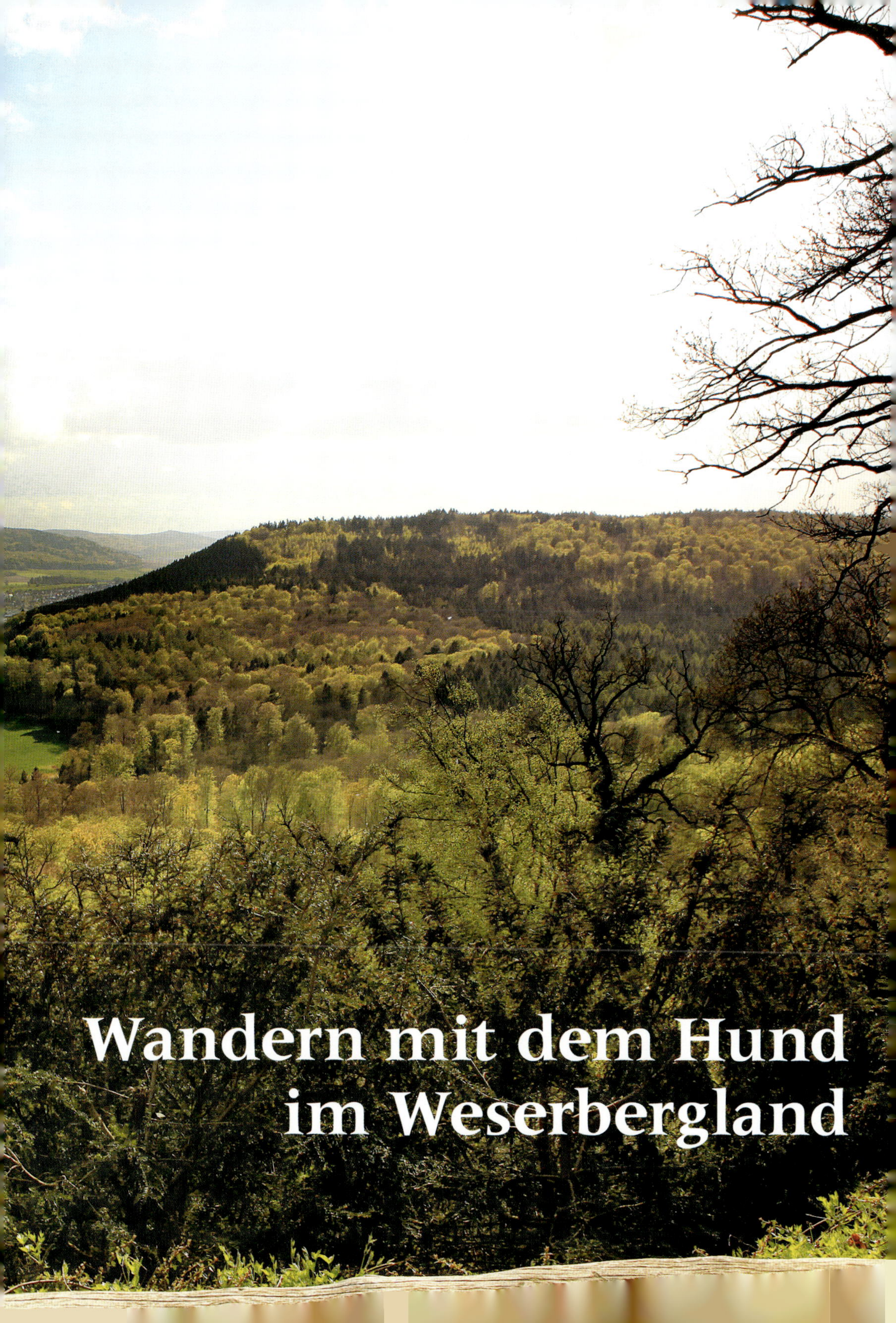

Wandern mit dem Hund im Weserbergland

1 Hoch hinaus

Jakobsberg Rundwanderweg

Der 235 Meter hohe Jakobsberg ist der westlichste Berg des Wesergebirges und die östliche Begrenzung des Weserdurchbruchtals bei Porta Westfalica.

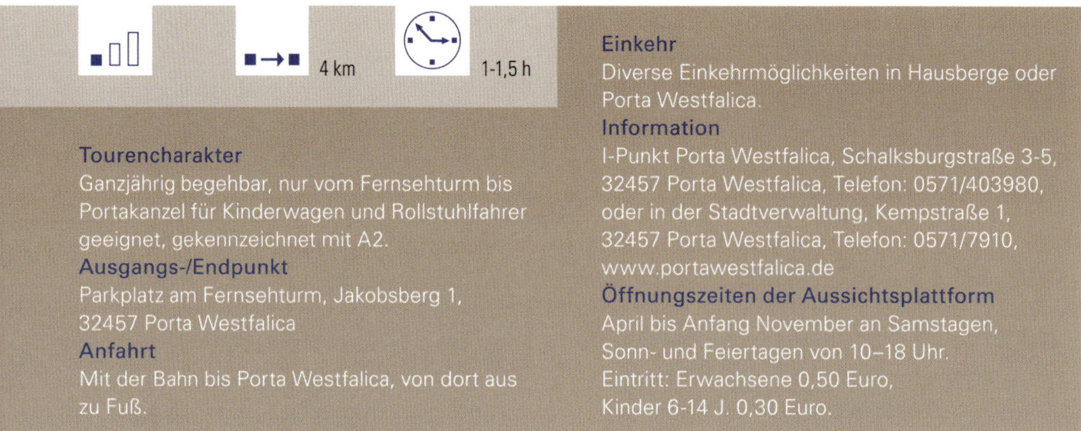
4 km

1-1,5 h

Tourencharakter
Ganzjährig begehbar, nur vom Fernsehturm bis Portakanzel für Kinderwagen und Rollstuhlfahrer geeignet, gekennzeichnet mit A2.

Ausgangs-/Endpunkt
Parkplatz am Fernsehturm, Jakobsberg 1, 32457 Porta Westfalica

Anfahrt
Mit der Bahn bis Porta Westfalica, von dort aus zu Fuß.

Einkehr
Diverse Einkehrmöglichkeiten in Hausberge oder Porta Westfalica.

Information
I-Punkt Porta Westfalica, Schalksburgstraße 3-5, 32457 Porta Westfalica, Telefon: 0571/403980, oder in der Stadtverwaltung, Kempstraße 1, 32457 Porta Westfalica, Telefon: 0571/7910, www.portawestfalica.de

Öffnungszeiten der Aussichtsplattform
April bis Anfang November an Samstagen, Sonn- und Feiertagen von 10–18 Uhr.
Eintritt: Erwachsene 0,50 Euro, Kinder 6-14 J. 0,30 Euro.

Von 1902 bis 1952 befand sich auf dem Jakobsberg eine 22,5 Meter hohe Bismarcksäule, auf die man hochsteigen und den Blick über das Umland schweifen lassen konnte. Heute steht an dieser Stelle ein 135 Meter hoher Fernsehturm. Über eine überdachte Treppe, die um den Turm herum nach oben führt, gelangt man auf eine Aussichtsplattform in 23 Metern Höhe. Von dort bietet sich ein herrlicher Ausblick über das Weserbergland. Am Fuße des Turms erinnert in einem Nebengebäude unter anderem ein Bronze-Relief an das Leben und Wirken des einstigen Reichskanzlers Otto von Bismarck.

Eine weitere Möglichkeit, die Aussicht zu genießen, ist die 1958 von der Stadtverwaltung von Porta Westfalica auf dem Sockel des Schlageter-Denkmals errichtete Aussichtsplattform (Albert Leo Schlageter, Soldat im Ersten Weltkrieg, als Widerstandaktivist in Frankreich

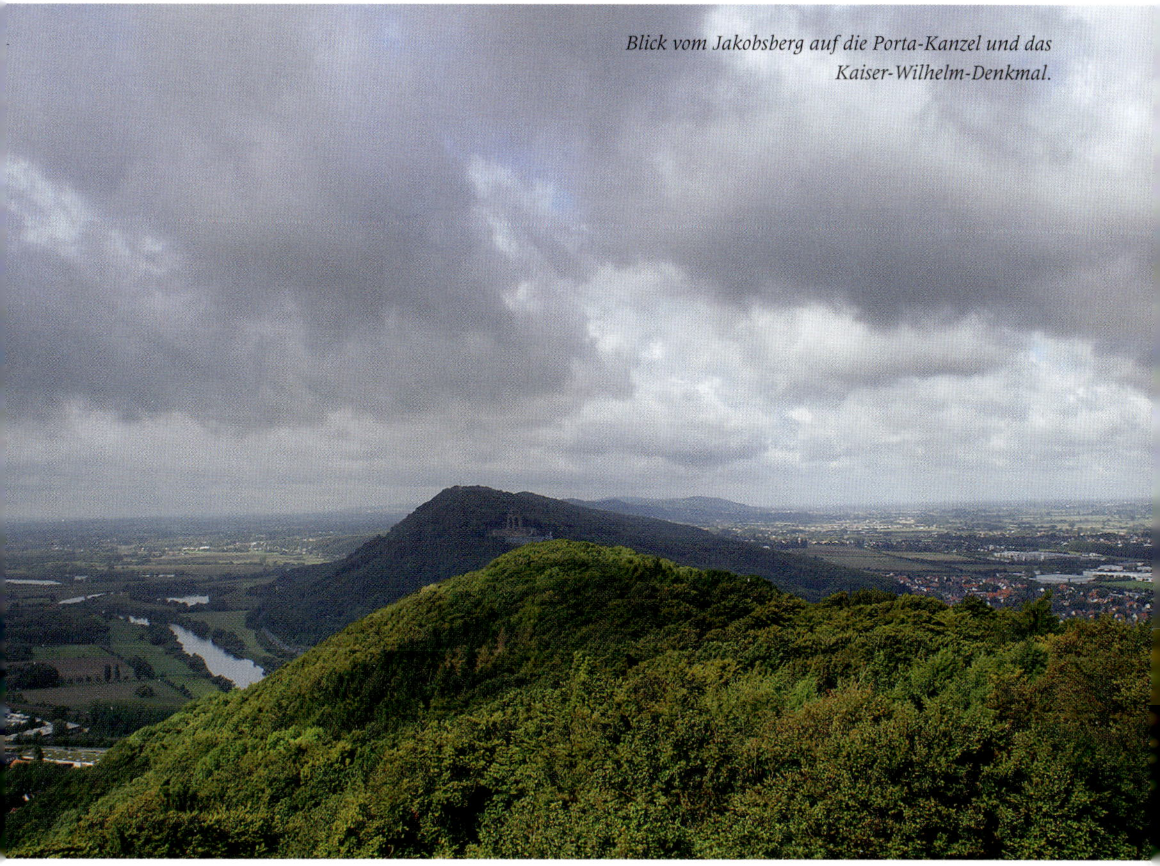

Blick vom Jakobsberg auf die Porta-Kanzel und das Kaiser-Wilhelm-Denkmal.

hingerichtet, Märtyrerfigur der Weimarer Republik und von Hitler als »erster Soldat des Dritten Reiches« erkoren). Hier eröffnet sich uns ein weiter Blick nach Süden und Westen, zum Beispiel auf das Kaiser-Wilhelm-Denkmal auf dem Wittekindsberg.

Die Porta-Kanzel (188 Meter hoch) befindet sich etwa 150 Meter nordwestlich vom Schlageter-Denkmal, am Westhang des Jakobsbergs, oberhalb einer steil nach Südwesten abfallenden Felsklippe. Von dort bietet sich ebenfalls eine gute Aussicht auf das Kaiser-Wilhelm-Denkmal sowie auf die Weser im Durchbruchstal Porta Westfalica.

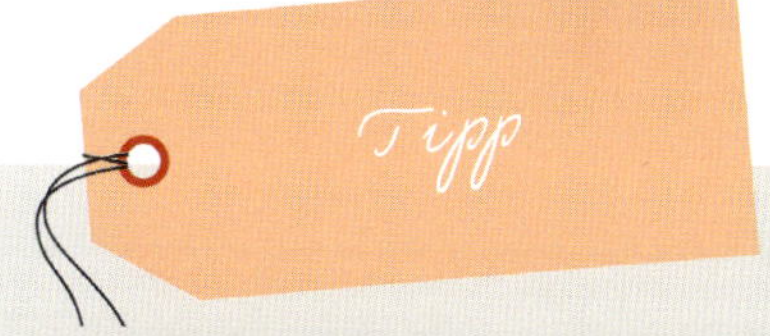

Alternative

Eine etwa einen Kilometer kürzere und nicht so anstrengende Variante: Nach der Kreuzung hinter der Porta-Kanzel nehmen wir den linken Weg (Schwollmannweg) und folgen diesem, bis wir auf den Kammweg stoßen, wo sich links am Fernsehturm unser Auto befindet.

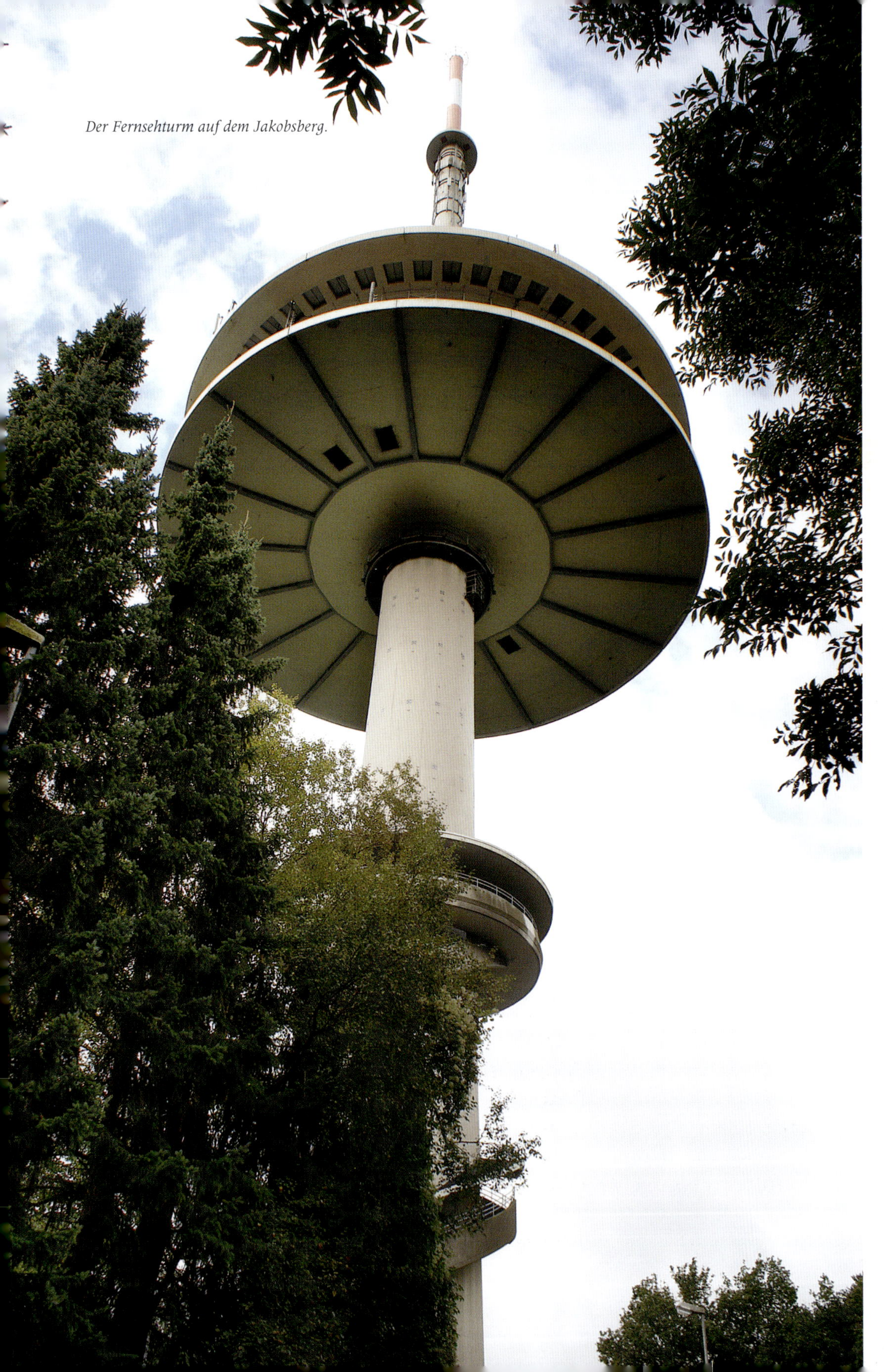

Der Fernsehturm auf dem Jakobsberg.

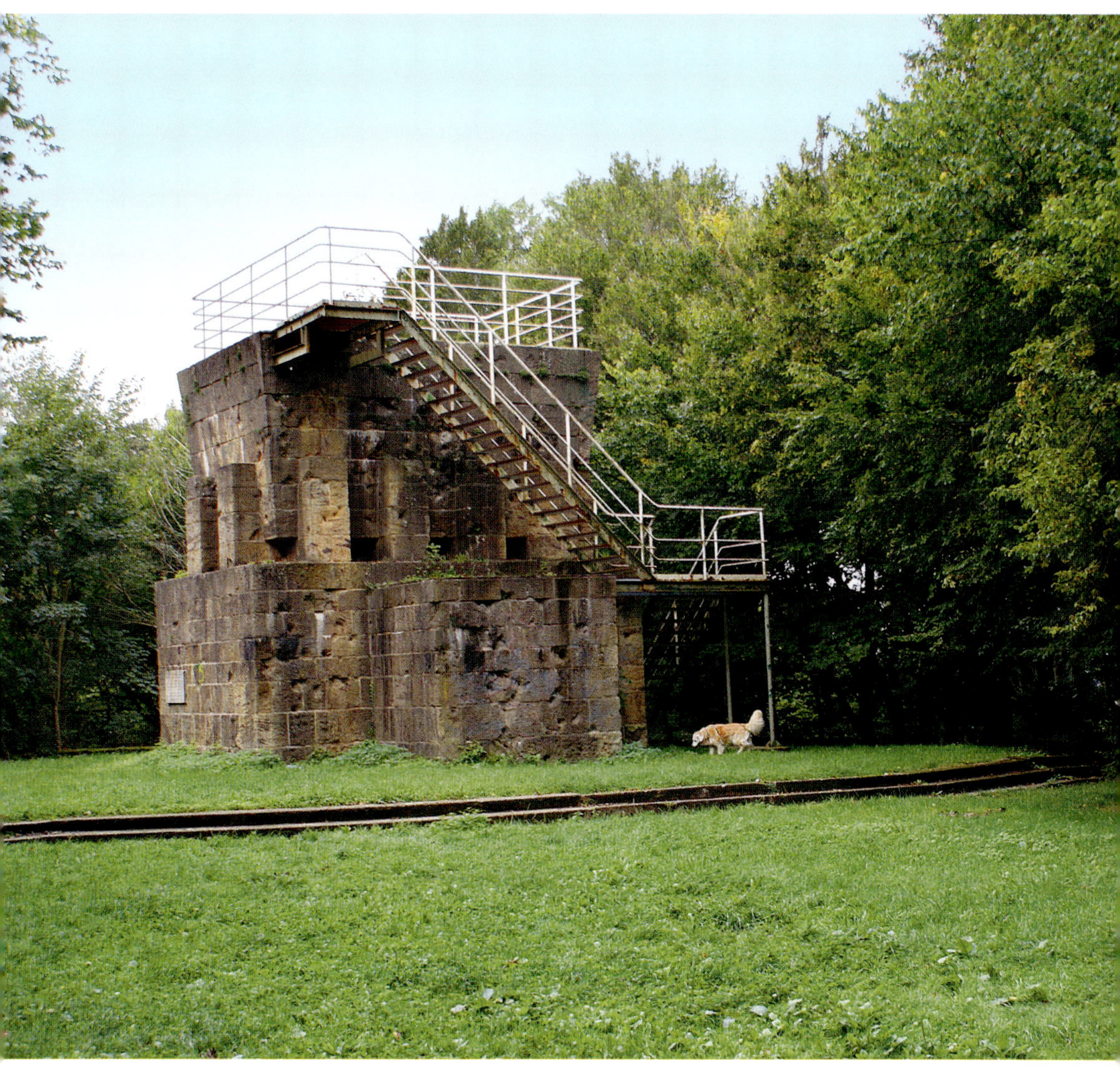

Das Schlageter-Denkmal mit Aussichtsplattform.

Wir starten unsere Tour am **Wanderparkplatz Fernmeldeturm (A/E)** in Porta Westfalica Hausberge und gehen in westlicher Richtung am **Schlageter-Denkmal (1)** vorbei bis zur **Porta-Kanzel (2)**. Hier halten wir uns links bis zu einer Kreuzung, an der wir den linken Weg nehmen, und gehen weiter bergab bis zum Pionierweg. Diesem folgen wir in östlicher Richtung bis zum Mindener Weg, auf den wir links einbiegen. Nach etwa 150 Metern biegen wir wieder links ab. Nun geht es den Jägerweg bergauf. Wir queren den Grottenweg und wenden uns an der Kreuzung mit dem Schwollmannweg nach rechts. Wir folgen diesem Weg bis zum Kammweg, wo wir links zum Parkplatz am Fernsehturm einbiegen.

2 Rundgang durch Bückeburg

Mit einem Besuch der Residenz der Grafschaft Schaumburg-Lippe

Die Stadt Bückeburg liegt im niedersächsischen Landkreis Schaumburg, etwa 50 Kilometer westlich von Hannover am Höhenzug Harrl. Bedeutung gewann Brückeburg als Regierungssitz der Grafschaft und als spätere Hauptstadt des Freistaates Schaumburg-Lippe.

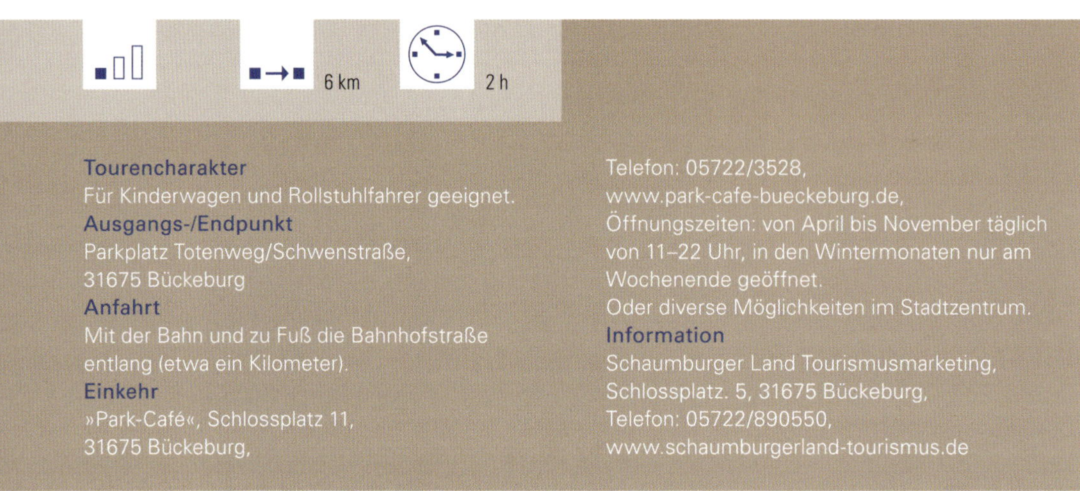

Tourencharakter
Für Kinderwagen und Rollstuhlfahrer geeignet.
Ausgangs-/Endpunkt
Parkplatz Totenweg/Schwenstraße, 31675 Bückeburg
Anfahrt
Mit der Bahn und zu Fuß die Bahnhofstraße entlang (etwa ein Kilometer).
Einkehr
»Park-Café«, Schlossplatz 11, 31675 Bückeburg, Telefon: 05722/3528, www.park-cafe-bueckeburg.de, Öffnungszeiten: von April bis November täglich von 11–22 Uhr, in den Wintermonaten nur am Wochenende geöffnet.
Oder diverse Möglichkeiten im Stadtzentrum.
Information
Schaumburger Land Tourismusmarketing, Schlossplatz. 5, 31675 Bückeburg, Telefon: 05722/890550, www.schaumburgerland-tourismus.de

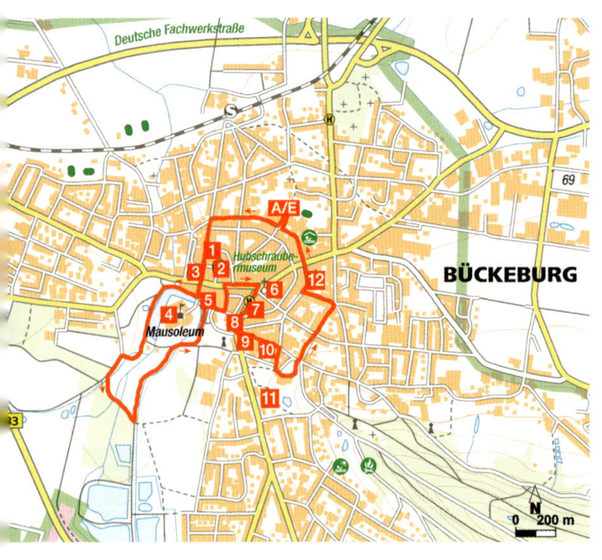

Erstmalig erwähnt wird die Bückeburg 1304. 1560 wurde die Burg zum Schloss umgebaut. Seit seiner Erbauung wird das Schloss durchgehend bewohnt; ursprünglich von den Grafen zu Holstein-Schaumburg und ab 1640 von den Mitgliedern der gräflichen, später fürstlichen Familie zu Schaumburg-Lippe. Der Schlosspark hat eine Größe von über 80 Hektar und umgibt das Schloss von allen Seiten.

Wir gehen den **Totenweg (A/E)** entlang, bis wir auf den Unterwall treffen. Hier wenden wir uns nach rechts und gehen geradeaus. An der zweiten Kreuzung biegen wir links in die Bahnhofstraße ein.

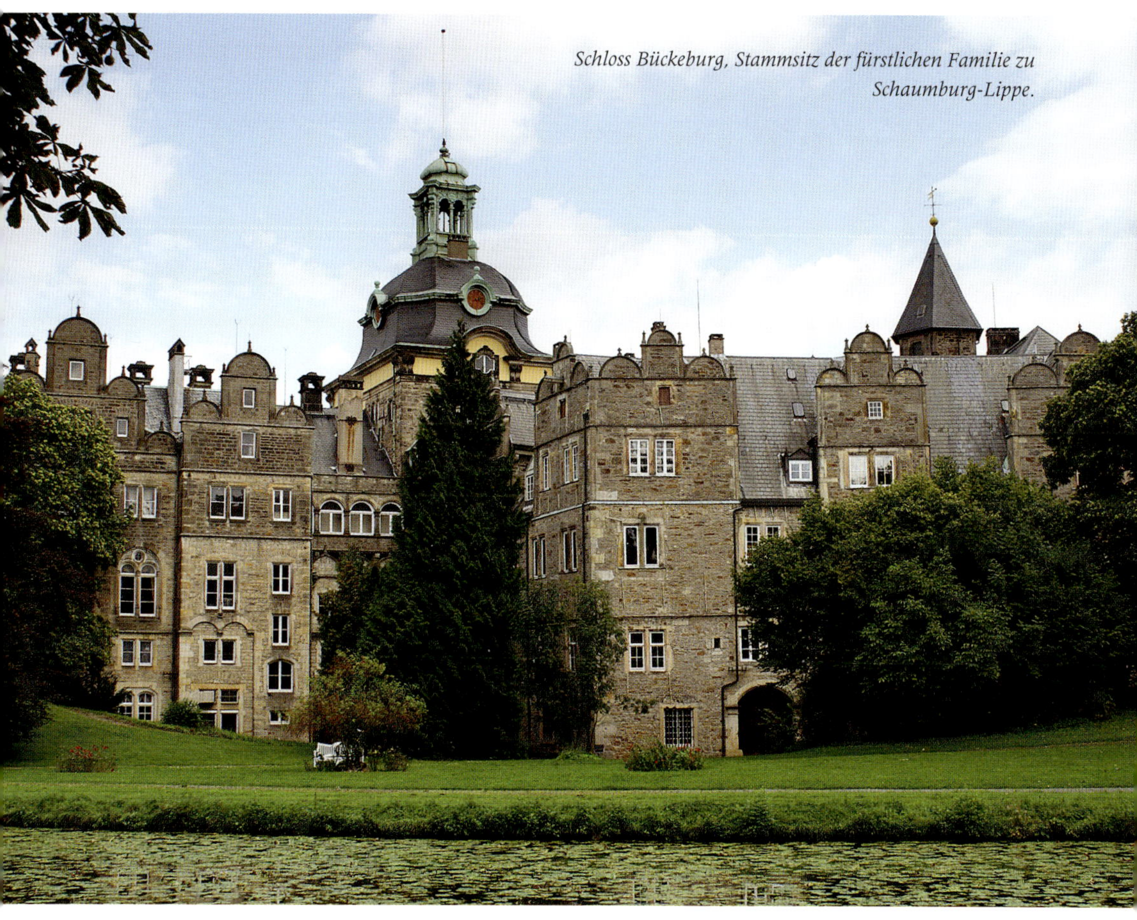

Schloss Bückeburg, Stammsitz der fürstlichen Familie zu Schaumburg-Lippe.

Auf der linken Seite kommen wir an der **Synagoge (1)** vorbei. Etwas weiter ist links der Sable-Platz. Hier befindet sich das **Hubschraubermuseum (2)**, das einen Besuch wert ist. Hunde sind im Museum leider nicht erlaubt.

Wir gehen geradeaus auf den Marktplatz, an dem das **Rathaus (3)** steht. Weiter geradeaus und wir betreten das **Schlossgelände Bückeburg (4)**. Hunde sind in den Außenanlagen erlaubt, dürfen jedoch nicht ins Schloss. Wir wenden uns vor der Schlossgraft nach rechts und folgen dem Weg bis zu einer T-Kreuzung. Hier biegen wir links ab. Wir kreuzen zweimal die Schermbeeke und biegen an der nächsten T-Kreuzung erneut links ab. An der folgenden T-Kreuzung wenden wir uns ebenfalls nach links. Auch an der folgenden Kreuzung halten wir uns links, um an der darauffolgenden T-Kreuzung rechts abzubiegen. Wir folgen dem Weg bis zur **Hofreitschule (5)**. Hier wenden wir uns nach rechts und gehen den Jägergang entlang. Links geht es nun zum Museum ab. Wir biegen rechts auf die Lange Straße ein und folgen dieser bis zu einer T-Kreuzung. Wir biegen rechts in die Schulstraße ab und sehen die **Stadtkirche (6)** vor uns. Wir laufen

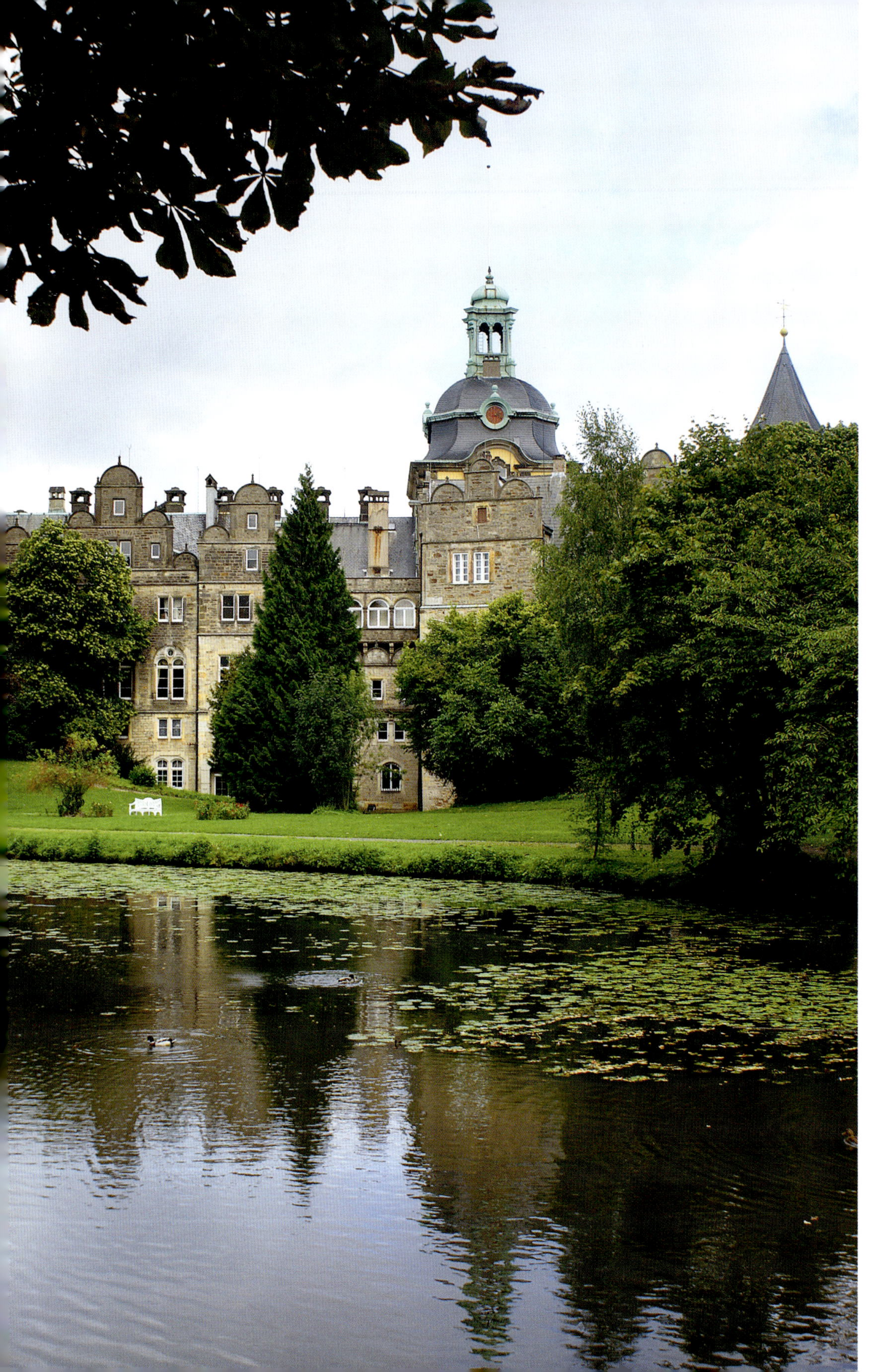

an der Lateinschule (heute **Stadtbücherei (7)**) und dem **alten Palais (8)** vorbei, biegen dann links in die Herminenstraße ein, kommen am **Ministralgebäude (9)** von 1895/1896 vorbei und passieren die **Weiße Villa (10)**. Wir wenden uns nun nach rechts und erreichen das **Palais Bückeburg (11)**. Wir biegen links in die Ulmenallee ein und dann links in die Hermann-Löns-Straße. Rechts geht es nun in den Oberwallweg. Wir passieren die **Pfarrkirche St. Marien (12)**, kreuzen die Obertorstraße und folgen dem Unterwallweg bis zum Totenweg, wo wir rechts abbiegen und nach einigen Metern wieder unser Auto erreichen.

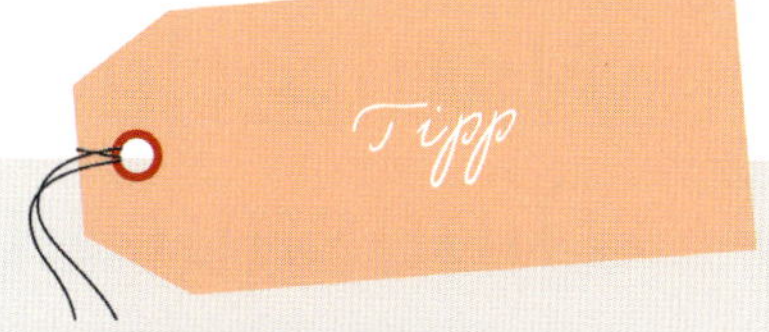

Veranstaltungen auf Schloss Bückeburg

Auf Schloss Bückeburg finden alljährlich verschiedene Feste, Märkte und Ausstellungen statt, deren Besuch sich auf jeden Fall lohnt, wie der Mittelaltermarkt Mittelalterlich Phantasie Spectaculum im Juli, die Landpartie im Frühsommer und der Weihnachtszauber, der an den ersten beiden Adventswochenenden zahlreiche Besucher anlockt. Ebenso großes Interesse beim Publikum finden die Oldtimer-Rallyes wie die Schaumburg Classics, in die das Schloss als Station eingebunden ist. Auch heiraten können verliebte Paare seit einiger Zeit im barocken Musiksaal des Schlosses. Für die musikalische Untermalung kann die Schlosskapelle gebucht werden.

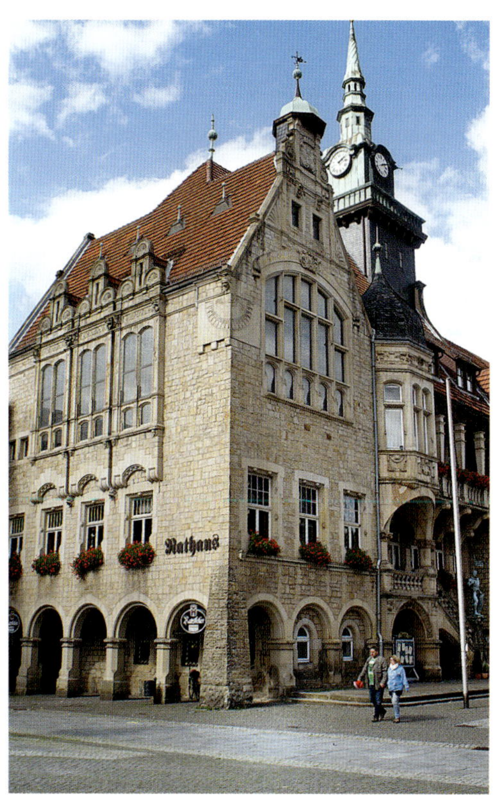

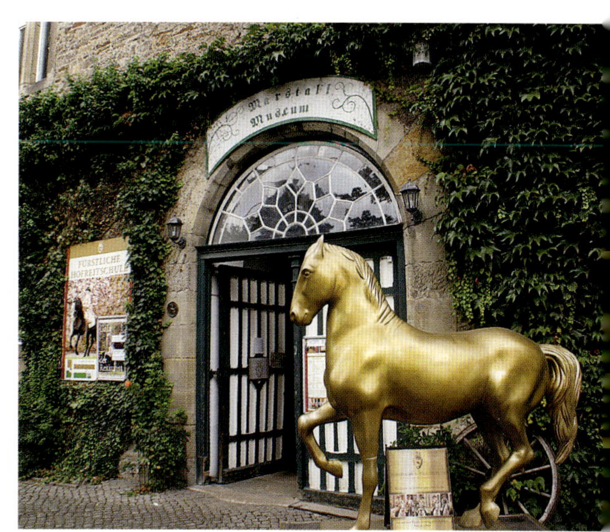

Das Rathaus von Bückeburg. ▲
Der Eingamg zum Marstallmuseum der Fürstlichen Hofreitschule Bückeburg. ▶

3 Naturerlebnispfad Dinosaurierspuren

Der Weserbergland-Themenweg – mit einem Abstecher zum Bremsschacht 7

Begeben Sie sich auf eine spannende Zeitreise in die Unterkreide und folgen Sie dem eigens eingerichteten Naturerlebnispfad. Dieser umfasst neun Stationen und informiert kleine und große Besucher über die Dinos, die vor etwa 140 Millionen Jahren hier gelebt haben, sowie über weitere spannende Themen rund um Wald, Natur und den Sandsteinbruch.

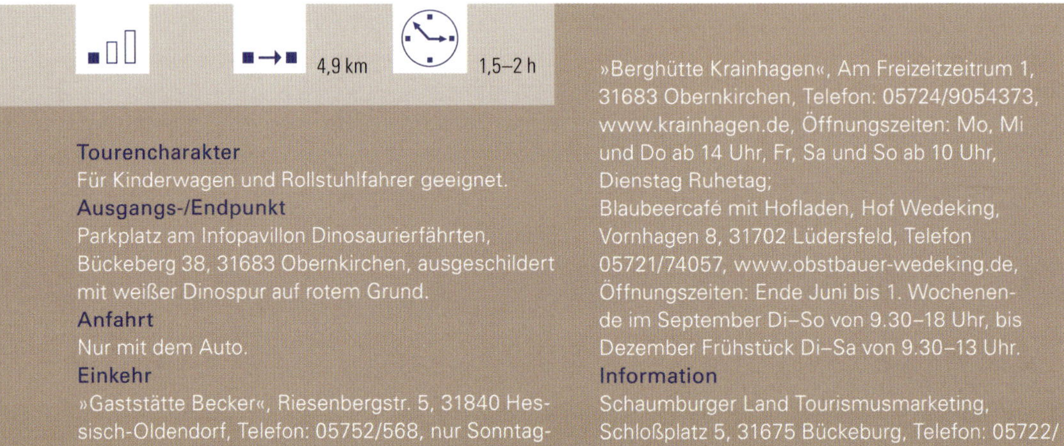

4,9 km 1,5–2 h

Tourencharakter
Für Kinderwagen und Rollstuhlfahrer geeignet.
Ausgangs-/Endpunkt
Parkplatz am Infopavillon Dinosaurierfährten, Bückeberg 38, 31683 Obernkirchen, ausgeschildert mit weißer Dinospur auf rotem Grund.
Anfahrt
Nur mit dem Auto.
Einkehr
»Gaststätte Becker«, Riesenbergstr. 5, 31840 Hessisch-Oldendorf, Telefon: 05752/568, nur Sonntagnachmittag für Kaffee und Kuchen geöffnet;
»Berghütte Krainhagen«, Am Freizeitzeitrum 1, 31683 Obernkirchen, Telefon: 05724/9054373, www.krainhagen.de, Öffnungszeiten: Mo, Mi und Do ab 14 Uhr, Fr, Sa und So ab 10 Uhr, Dienstag Ruhetag;
Blaubeercafé mit Hofladen, Hof Wedeking, Vornhagen 8, 31702 Lüdersfeld, Telefon 05721/74057, www.obstbauer-wedeking.de, Öffnungszeiten: Ende Juni bis 1. Wochenende im September Di–So von 9.30–18 Uhr, bis Dezember Frühstück Di–Sa von 9.30–13 Uhr.
Information
Schaumburger Land Tourismusmarketing, Schloßplatz 5, 31675 Bückeburg, Telefon: 05722/890550, www.schaumburgerland-tourismus.de

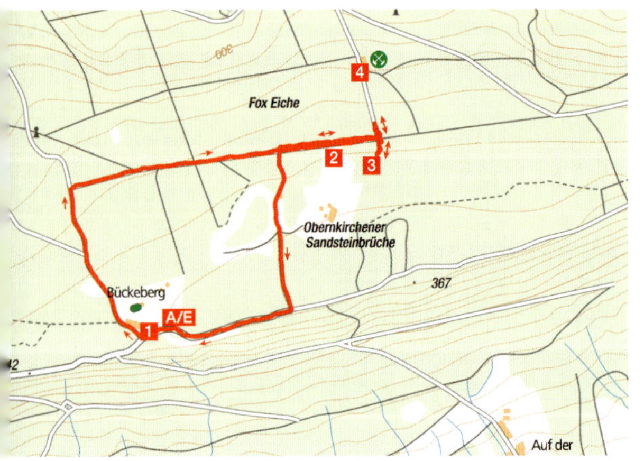

Wir wenden uns vom **Parkplatz am Infopavillon Dinosaurierfährten (A/E)** aus nach links, gehen am **Jugend-Bildungs- und Freizeitzentrum (1)** vorbei und biegen bei der nächsten Gelegenheit rechts ab. Wir gehen geradeaus und folgen dem Weg, biegen dabei zwei weitere Male rechts ab. Weiter geht es geradeaus, bis rechts der **Steinbruch (2)** sichtbar wird. Hier biegen wir rechts ab und erreichen nach einigen Metern die **Dinosaurierspuren (3)**.

Wer nun noch Lust auf weitere Entdeckungen hat, kann den **Bremsschacht 7 (4)** besuchen. Es geht vom Steinbruchgelände aus gesehen 400 Meter geradeaus. Den Bremsschacht 7 findet man auf der rechten Seite. Unsere Wanderung verlängert sich dadurch um 800 Meter.

Der Bergbau war im Schaumburger Land bis etwa 1960 ein bedeutender Wirtschaftsfaktor. Im Bückeberg befand sich der einst wichtigste Steinkohleförderstollen, der Liethstollen. Daran erinnert das noch stehende Gebäude, der sogenannte »Bremsschacht 7«, der zugleich als Informationszentrum dient. Auf dem Gelände wurden Infotafeln und überdachte Sitzgarnituren aufgestellt. Die mit Steinkohle und Stempelholz beladenen Loren, die an einem Bremsseil befestigt auf Schienen stehen, geben einen Einblick in die damalige Fördertechnik. Das ehemalige Grubeneinstiegsgebäude wird mittlerweile als Winterquartier für Fledermäuse genutzt.

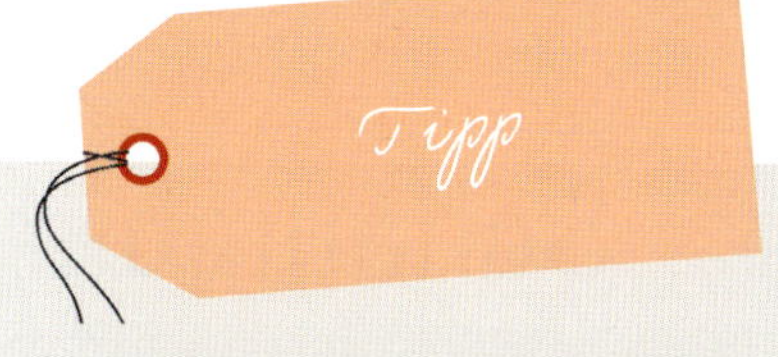

Besuchen Sie **Gut Remeringhausen** an einem der vier jährlichen Events: Pflanzentage, British Weekend (sehr zu empfehlen!), Romantic Garden oder Novemberklüngel, Termine unter www.gut-remeringhausen.de, Heuerßer Str. 25, 31655 Stadthagen, Telefon: 05725/701188.

Wir gehen zurück bis zum Steinbruch und halten uns dann rechts. Bei der nächsten Abzweigung biegen wir links ab. Wir folgen diesem Waldweg, bis wir zu einer befestigten T-Kreuzung kommen. Hier wenden wir uns nach rechts. Weiter geht es geradeaus, bis wir auf eine Straße treffen. Wir biegen hier ebenfalls nach rechts ab und erreichen nach einem Kilometer den Parkplatz.

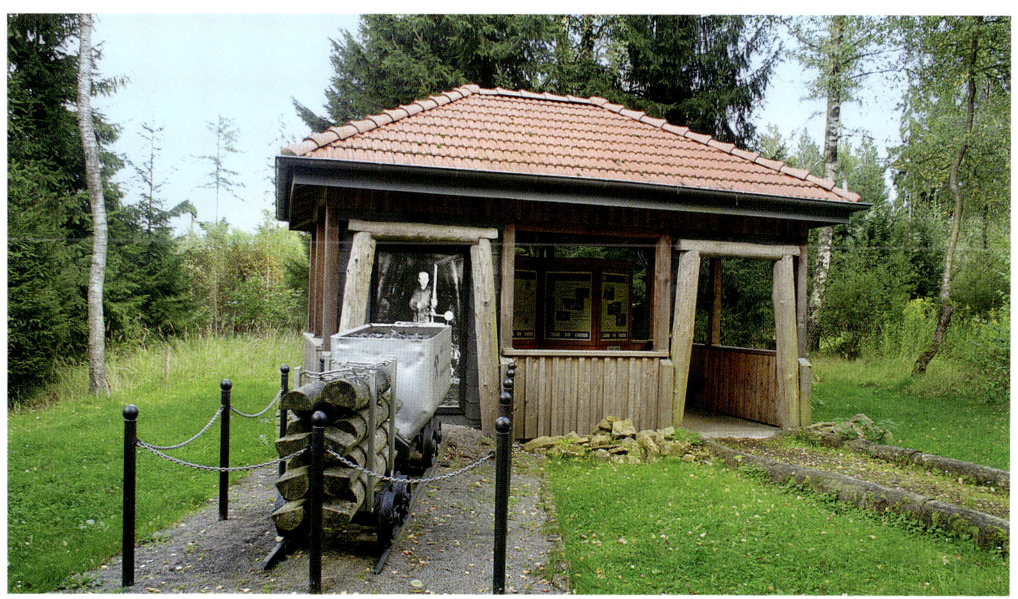

Vom Bergbau als bedeutendem Wirtschaftsfaktor im Schaumburger Land zeugt der Bremsschacht 7.

4 Schaumburg und Paschenburg

Von Burg zu Burg durch das Wesergebirge

Die Schaumburg ist der ehemalige Stammsitz der Grafen von Schaumburg und thront auf dem Nesselberg. Die Paschenburg ist, anders als ihr Name vermuten lässt, keine Burg, sondern ein altes Forst- und Gasthaus, das vom Berg Paschenburg über die Dächer der Schaumburg hinweg einen beeindruckenden Ausblick auf das Wesertal bietet.

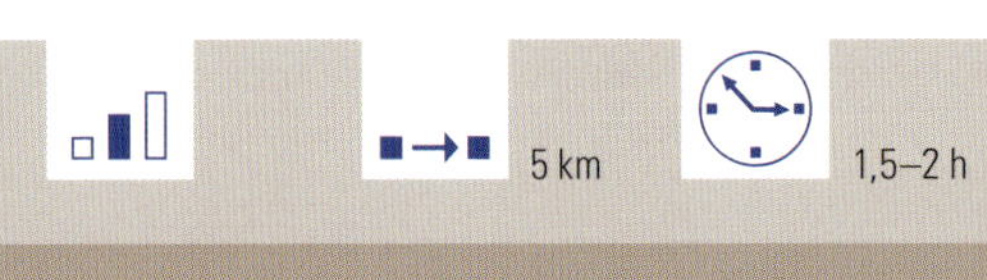

Tourencharakter
Für Kinderwagen und Rollstuhlfahrer nicht geeignet.

Ausgangs-/Endpunkt
Parkplatz vor der Schaumburg, Burgstr. 1, 31737 Rinteln, ausgeschildert mit blauer 6 auf gelbem Rechteck.

Anfahrt
Mit der Bahn bis Rinteln, von dort Sammeltaxibus (AST).

Einkehr
Restaurant in der Burg Schaumburg, Burgstr. 1, 31737 Rinteln, 05152/3765, www.burggaststätte-schaumburg.de, Öffnungszeiten: Januar bis Mitte Februar geschlossen, Mitte Februar bis Ende März und November/Dezember an den Wochenenden von 12–17 Uhr, April bis Oktober von 11–18 Uhr, Donnerstag Ruhetag;
Hotel-Restaurant »Schaumburger Ritter«, Schaumburg 2-4, 31737 Rinteln, Telefon: 05152/947460, www.schaumburger-ritter.de, täglich geöffnet ab 12 Uhr;
Paschenburg , Paschenburg 1, 31737 Rinteln, 05152/2547, www.restaurant-paschenburg.de, Öffnungszeiten: Di bis So 12.00–21.30 Uhr.
Alle drei Restaurants bieten Speisen zu gehobenen Preisen, jedoch auch Kaffee und Kuchen und eine Vesperkarte.

Information
Schaumburger Land Tourismusmarketing, Schloßplatz 5, 31675 Bückeburg, Telefon: 05722/890550, www.schaumburgerland-tourismus.de und Tourist-Information, Marktplatz 7, 31737 Rinteln, Telefon: 05751/403980, www.rinteln.de

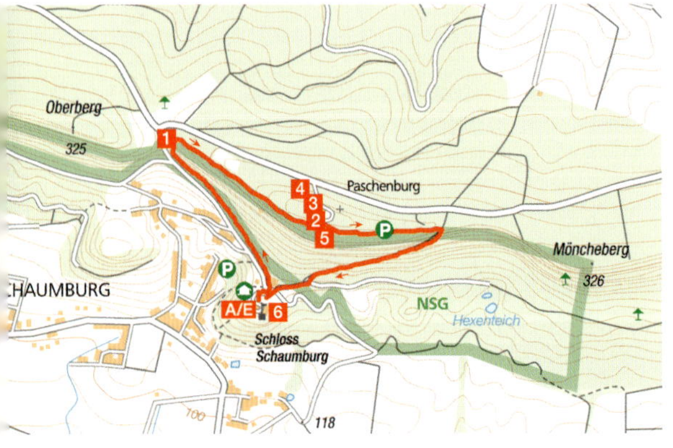

Unsere Wanderung startet vom **Parkplatz vor der Schaumburg (A/E)**. Wir wenden uns nach links und gehen die Burgstraße entlang. Nach ca. 150 Metern geht rechts ein Fußweg in den Wald, der parallel zur Burgstraße verläuft. Wir biegen hier ein und folgen dem Weg bergauf bis zu einer Weggabelung. Hier halten wir uns rechts. An der **Schutzhütte (1)** biegen wir ebenfalls rechts ab. Wir folgen diesem Weg bis zum **Restaurant**

Paschenburg (2). Wir befinden uns nun auf der höchsten Erhebung des Weserberglandes.

Wer Interesse hat, kann nun die **Straße Paschenburg (3)** bis hinunter zum **Steingarten (4)** gehen. Wir biegen jedoch rechts in Richtung **Mäumkenloch (5)** ab. Weiter geht es bis zu einer T-Kreuzung. Hier halten wir uns rechts. Wir folgen dem Weg, bis wir wieder am Parkplatz ankommen.

Es bietet sich nun noch ein Abstecher zu der aus dem 12. Jahrhundert stammenden **Schaumburg (6)** an. Sehenswert sind vor allem das Torhaus der Vorburg und der Bergfried, der »Dicke Turm«, wie er auch genannt wird. Von dort hat man einen wunderbaren Blick auf das Wesertal zwischen Hameln und Rinteln.

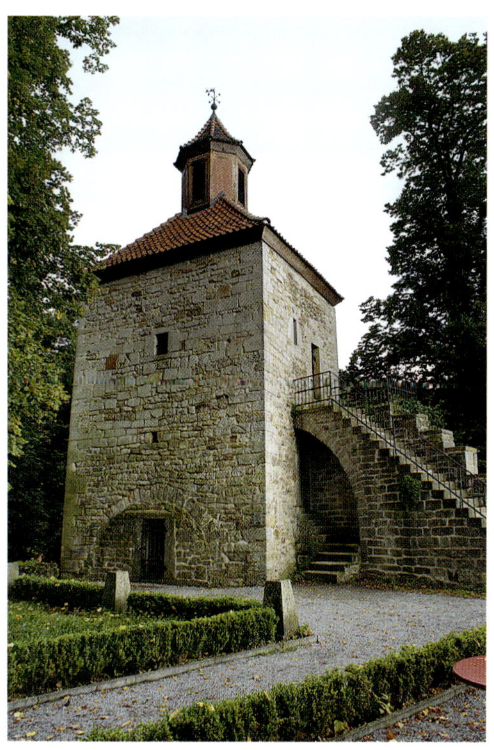

Die Schaumburg.

Tipp

Wichtelmännchen aus dem Mäumkenloch

Östlich der Paschenburg liegt eine Höhle, das sogenannte »Mäumkenloch«. Hier wohnten einer Sage zufolge Wichtelmännchen. Einer der Schaumburger Grafen soll eine Affäre mit der Wichtelkönigin gehabt haben. Als die Gräfin dies erfuhr, musste ihr Gatte schwören, die Wichtelkönigin nie wiederzusehen. Die Wichtelkönigin war außer sich vor Zorn und verwünschte den Grafen: Sollte er sie nicht mehr besuchen, fiele sein Besitz an fremde Erben. Der Graf hielt das Versprechen, das er seiner Frau gegeben hatte, und ließ die Wichtelkönigin fallen. Die männlichen Nachkommen blieben aus, das Geschlecht der Schaumburger starb aus und das Land wurde aufgeteilt.

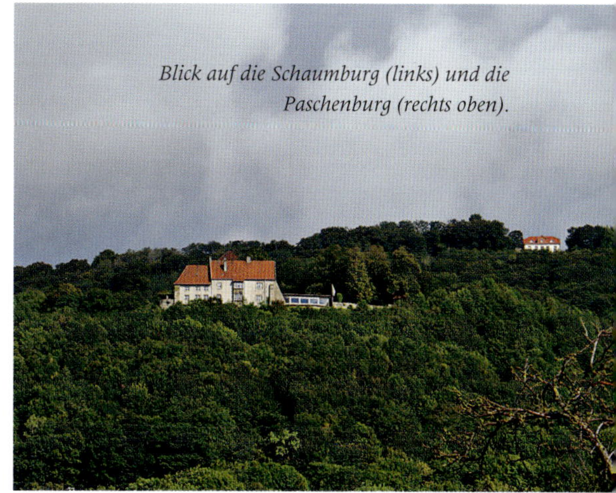

Blick auf die Schaumburg (links) und die Paschenburg (rechts oben).

5 Gönnen Sie sich eine Auszeit

Entspannt auf dem »Weg der Selbstzuwendung«

Nehmen Sie sich Zeit für sich, tanken Sie neue Energie, lassen Sie den Stress des Alltags hinter sich und konzentrieren Sie sich ganz auf sich – dazu lädt Sie der »Weg der Selbstzuwendung« ein.

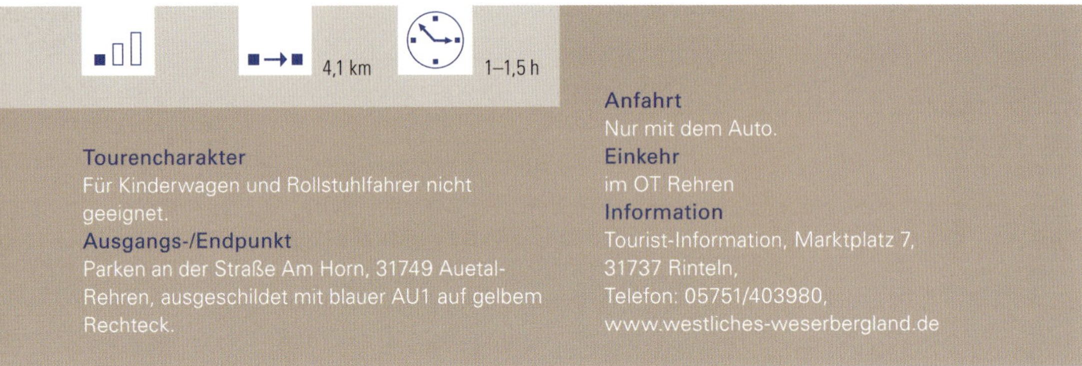

Tourencharakter
Für Kinderwagen und Rollstuhlfahrer nicht geeignet.

Ausgangs-/Endpunkt
Parken an der Straße Am Horn, 31749 Auetal-Rehren, ausgeschildet mit blauer AU1 auf gelbem Rechteck.

Anfahrt
Nur mit dem Auto.

Einkehr
im OT Rehren

Information
Tourist-Information, Marktplatz 7, 31737 Rinteln, Telefon: 05751/403980, www.westliches-weserbergland.de

Auf dem »Weg der Selbstzuwendung«, der uns durch das idyllische Auetal führt, tun wir nicht nur etwas für unseren Körper, sondern auch für unseren Geist. Denn entlang des Weges finden wir neun verschiedene Stationen jeweils mit Übungen zum Entspannen, Wahrnehmen und Besinnen, um dem Alltag zu entfliehen und ganz bei uns selbst zu sein: 1. Die eigenen Ressourcen, 2. Der Lauf des Lebens, 3. Ruhe gibt Klarheit, 4. Der innere Kritiker, 5. Loslassen schafft Gelassenheit, 6. Die Himmelsliege, 7. Von der Beschleunigung zur Entschleunigung, 8. Die innere Kraft, 9. Ausleitung. Für die Stationen 3 und 5 suchen Sie sich bitte zwei Steine.

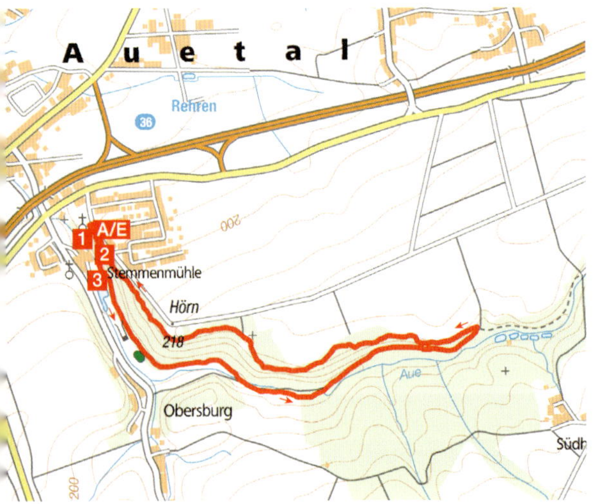

Der Hund bekommt auf dieser Tour ein besonderes Training: An den einzelnen Stationen wird artiges Liegenbleiben geübt, bis Frauchen oder Herrchen die jeweilige Station erkundet hat.

Von der **Straße Am Horn (A/E)** biegen wir ca. 30 Meter hinter dem **Friedhof (1)** rechts in den Waldweg ein. Bei der nächsten Möglichkeit biegen wir rechts ab und gehen bergab. Vor der T-Kreuzung ist links die **Station 9 (2)** sichtbar. Hier müssen wir später noch einmal vorbei. An der T-Kreuzung halten wir uns links. Wir folgen diesem Weg stets geradeaus bis zu einer weiteren T-Kreuzung. Hier biegen wir links ab. Wir gehen weiter bergab und gelangen an die **Bückeburger Aue (3)**, der wir nach links folgen. Wir queren die Bückeburger Aue zwei Mal über eine Brücke. An der nächsten Weggabelung halten wir uns links und gehen den Berg hoch. An der nächsten

Tipp

Erlebniswelt Steinzeichen

Wer sich gerne näher mit der Geschichte unserer Erde auseinandersetzen möchte, dem sei der Freizeit- und Themenpark »Erlebniswelt Steinzeichen« empfohlen. Als Projekt zur EXPO 2000 ins Leben gerufen, wurde das Motto der Weltausstellung »Mensch – Natur – Technik« auf dem Panoramaweg anschaulich aufgegriffen und begeistert mit seinem vielfältigen Angebot Jung und Alt.

Erlebniswelt Steinzeichen, Arensburger Str. 4, 31737 Rinteln OT Steinbergen, Telefon: 05751/917590 www.steinzeichen.de

Kreuzung biegen wir links ab. Wir folgen dem Weg bis zu einer Weggabelung. Hier halten wir uns links. Weiter geht es geradeaus, über eine Kreuzung, bis wir wieder rechts auf den Weg gelangen, den wir am Anfang bergab gegangen sind. Hier müssen wir nun hinunter, um zu Station 9 – Ausleitung – zu kommen. Wir sparen uns das, weil die Beschreibung zur Ausleitung nicht sehr ansprechend ist, und kehren weiter geradeaus zu unserem Ausgangspunkt zurück. Es ist etwas schade, dass die Station 9 keinen anderen Platz finden konnte.

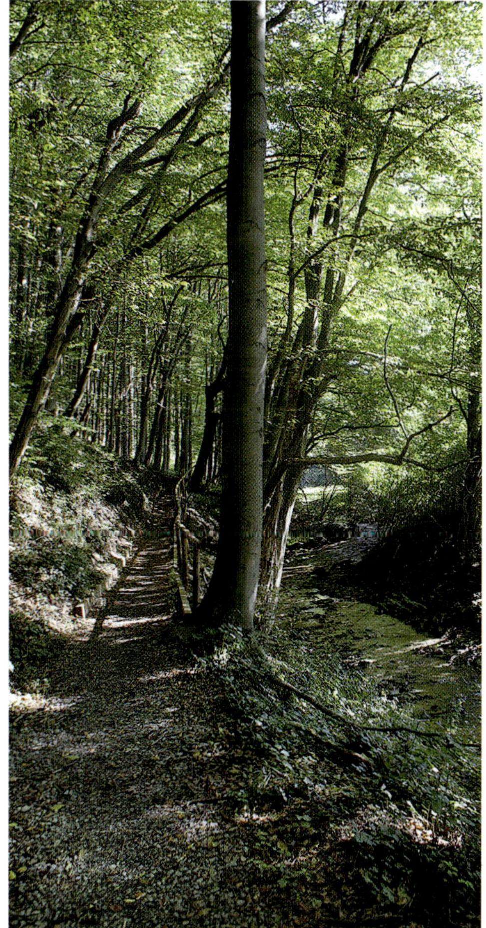

Auf dem »Weg der Selbstzuwendung«.

6 Einzigartige Naturschauspiele

Der höchste Naturwasserfall Norddeutschlands und die Schillat-Höhle in Langenfeld bei Hessisch Oldendorf

Deutschlands nördlichste Tropfsteinhöhle und etwa 1,2 Kilometer entfernt, der einzige sowie höchste Naturwasserfall Norddeutschlands. Letzterer bietet im Winter und Frühjahr ein beeindruckendes Schauspiel.

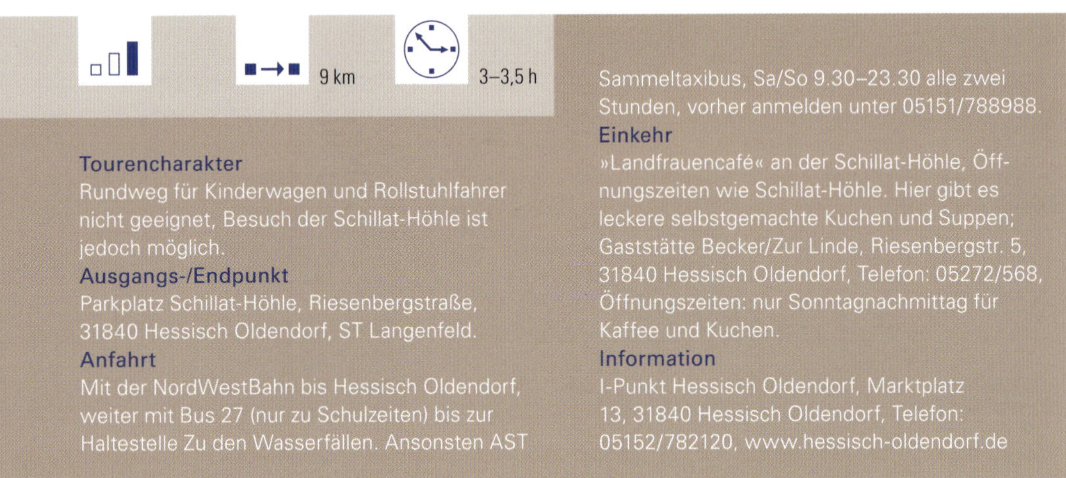
9 km

3–3,5 h

Tourencharakter
Rundweg für Kinderwagen und Rollstuhlfahrer nicht geeignet, Besuch der Schillat-Höhle ist jedoch möglich.

Ausgangs-/Endpunkt
Parkplatz Schillat-Höhle, Riesenbergstraße, 31840 Hessisch Oldendorf, ST Langenfeld.

Anfahrt
Mit der NordWestBahn bis Hessisch Oldendorf, weiter mit Bus 27 (nur zu Schulzeiten) bis zur Haltestelle Zu den Wasserfällen. Ansonsten AST Sammeltaxibus, Sa/So 9.30–23.30 alle zwei Stunden, vorher anmelden unter 05151/788988.

Einkehr
»Landfrauencafé« an der Schillat-Höhle, Öffnungszeiten wie Schillat-Höhle. Hier gibt es leckere selbstgemachte Kuchen und Suppen; Gaststätte Becker/Zur Linde, Riesenbergstr. 5, 31840 Hessisch Oldendorf, Telefon: 05272/568, Öffnungszeiten: nur Sonntagnachmittag für Kaffee und Kuchen.

Information
I-Punkt Hessisch Oldendorf, Marktplatz 13, 31840 Hessisch Oldendorf, Telefon: 05152/782120, www.hessisch-oldendorf.de

Wir wenden uns vom **Parkplatz Schillat-Höhle (A/E)** aus nach rechts und folgen dem Weg bis zu einer Kreuzung. Hier biegen wir links ab. Wir folgen dem Weg, überqueren die Kreisstraße und nach 100 Metern biegen wir links in einen Feldweg

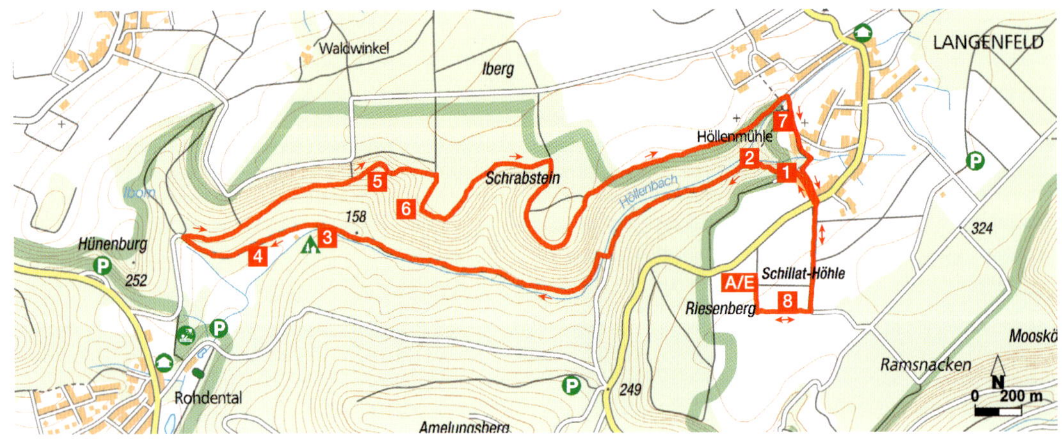

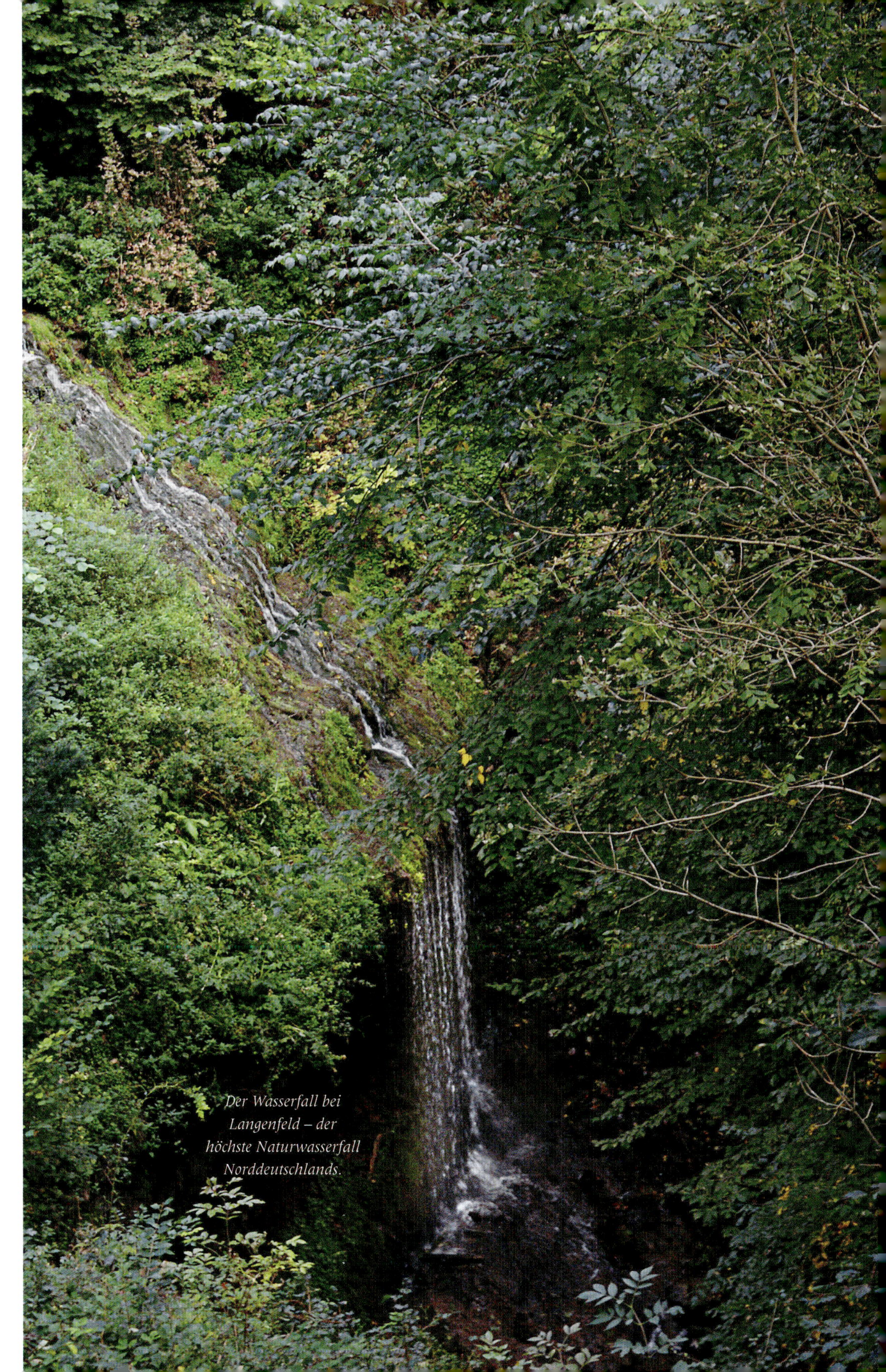

Der Wasserfall bei Langenfeld – der höchste Naturwasserfall Norddeutschlands.

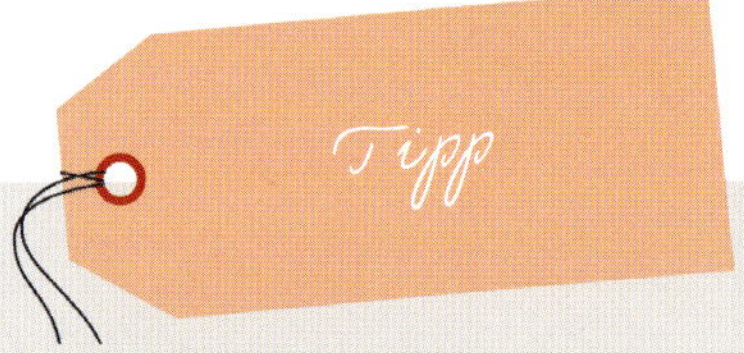

Besuch der Schillat-Höhle

Die nördlichste Tropfsteinhöhle Deutschlands wurde 1992 bei Sprengarbeiten entdeckt und lädt nun zu geologischen Erkundungen der Erdgeschichte ein. In der Höhle herrscht eine konstante Temperatur von 8°C. Bitte achten Sie auf entsprechende Kleidung und festes Schuhwerk. Öffnungszeiten: April–Oktober Mi 14–18 Uhr, Sa, So und feiertags 10–18 Uhr, in den Ferien zusätzlich Di–Fr 14–18 Uhr. November–März Sa, So und feiertags 10–18 Uhr, Eintritt: Erwachsene 8 Euro, Kinder und Menschen mit Handicap 4 Euro, Hunde sind in der Höhle nicht erlaubt und müssen im Auto auf Herrchen oder Frauchen warten, www.schillathoehle.de.

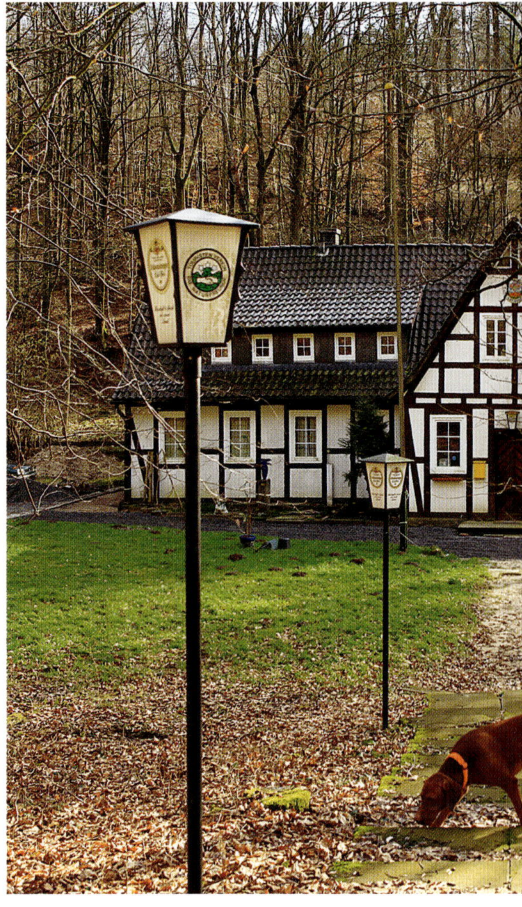

Die Waldherberge »Schneegrund« .

ein. Die nächste Abzweigung rechts führt zu einem **kleinen Wasserfall (1)**. Wir gehen ein Stück zurück, jedoch nicht ganz bis zu der Abzweigung, sondern wenden uns vorher nach rechts. Diesem Weg folgen wir bergab bis zum Höllenbach und laufen daran entlang (liegt rechtsseitig) bis zu einer Weggabelung, wo wir den rechten Weg nehmen. Wir überqueren den Bach (jetzt linksseitig) und gehen geradeaus bis zum **Naturfreundehaus (3)** und der **Waldherberge »Schneegrund« (4)**. Diese wird seit geraumer Zeit renoviert.

Wir wandern weiter geradeaus bis zur nächsten T-Kreuzung. Hier wenden wir uns nach rechts. Über den steilen Forstweg geht es nun hoch zur **Schönen Aussicht (5)**. Weiter geht es bis zur nächsten T-Kreuzung, wo wir rechts abbiegen. Auch an der nächsten Abzweigung gehen wir rechts, folgen dem Weg und erreichen nun die **Krähenhöhe (6)**. Wir folgen dem Weg bis zu den Schrabsteiner Klippen. Wir wandern den schmalen Weg weiter bis zum **Wasserfall bei Langenfeld (7)**. Der höchste Naturwasserfall bietet im Winter und Frühjahr ein

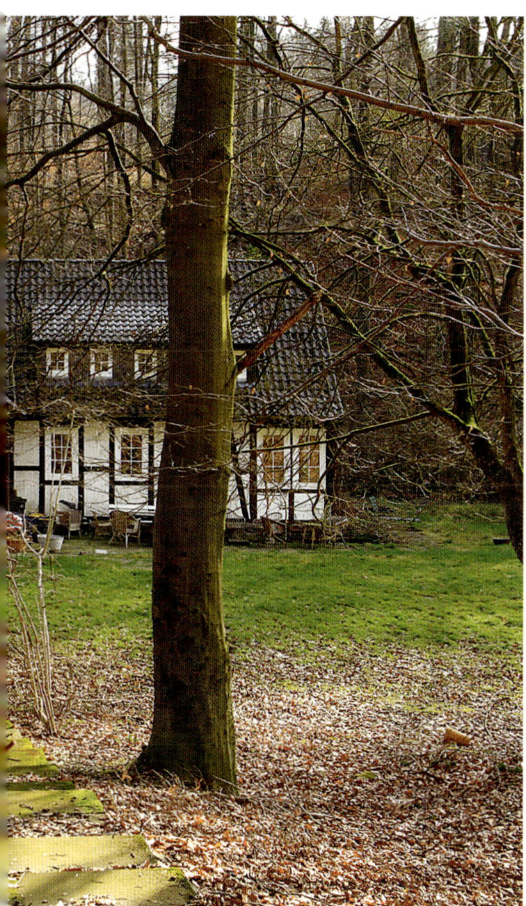

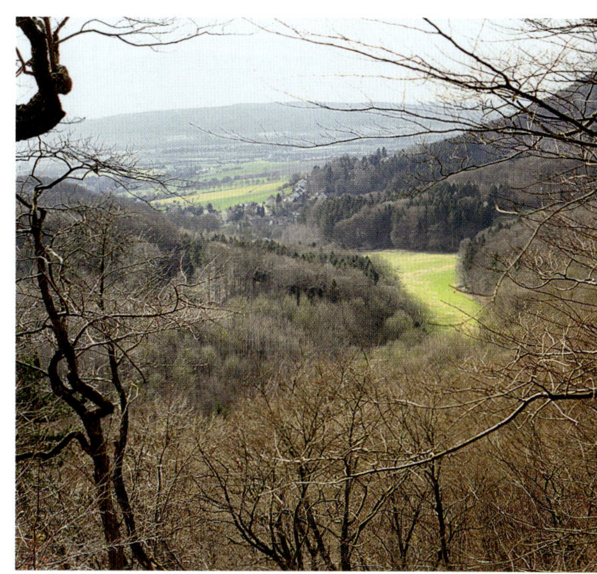

beeindruckendes Schauspiel. Wir folgen dem Weg, überqueren einen Zufluss des Höllenbaches und biegen dann rechts ab. Wir passieren das Ferienhaus am Wasserfall und gehen über den Feldweg hinauf bis zur Straße Zu den Wasserfällen. Wir folgen dem Weg, queren wieder die Kreisstraße und kommen abermals an der **Schillat-Höhle (8) mit Besucherzentrum** und »Landfrauencafé« vorbei. Nach einer Stärkung und vielleicht auch einer Besichtigung der Höhle wenden wir uns nach links und gelangen alsbald zu unserem Auto auf dem Parkplatz.

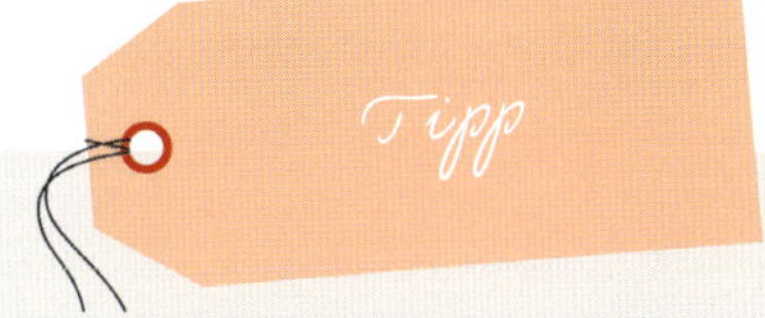

Alternative für ältere Hunde

leicht, ca. 3 Kilometer: Der Wegbeschreibung vom Parkplatz bis zur Kreisstraße folgen, dann jedoch nicht links abbiegen, sondern weiter geradeaus bis zur Straße Zu den Wasserfällen. Hier in den **Feldweg (2)** abbiegen und diesem bergab folgen. Das Ferienhaus am Wasserfall links liegen lassen, am Zufluss des Höllenbachs bergauf gehen, links abbiegen, den Zufluss überqueren und dem Weg bis zum Wasserfall folgen. Zurück geht es genauso wie in der längeren Alternative.

7 Natur pur

Hohenstein, Blutbach und Totental

Der Hohenstein lockt mit einer imposanten Aussicht über das Wesertal. Zahlreiche Sagen und Legenden ranken sich um den Berg, an dem tatsächlich blutige Schlachten gekämpft wurden. Davon zeugen auch Namen wie Totental und Blutbach, die das westlich des Hohensteins gelegene Tal und den hindurchfließenden Bach bezeichnen.

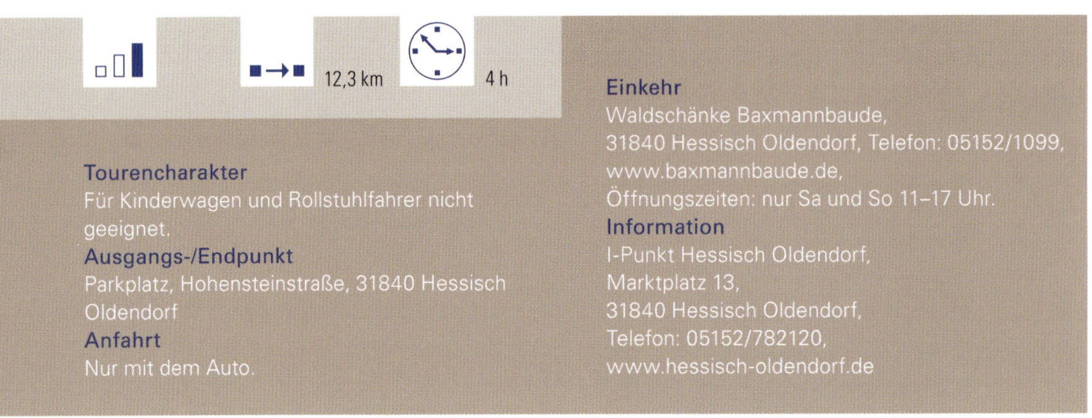

12,3 km

4 h

Tourencharakter
Für Kinderwagen und Rollstuhlfahrer nicht geeignet.

Ausgangs-/Endpunkt
Parkplatz, Hohensteinstraße, 31840 Hessisch Oldendorf

Anfahrt
Nur mit dem Auto.

Einkehr
Waldschänke Baxmannbaude,
31840 Hessisch Oldendorf, Telefon: 05152/1099,
www.baxmannbaude.de,
Öffnungszeiten: nur Sa und So 11–17 Uhr.

Information
I-Punkt Hessisch Oldendorf,
Marktplatz 13,
31840 Hessisch Oldendorf,
Telefon: 05152/782120,
www.hessisch-oldendorf.de

Vom **Parkplatz Hohensteinstraße (A/E)** aus gehen wir nach rechts und folgen dem Weg bis zu einer T-Kreuzung.

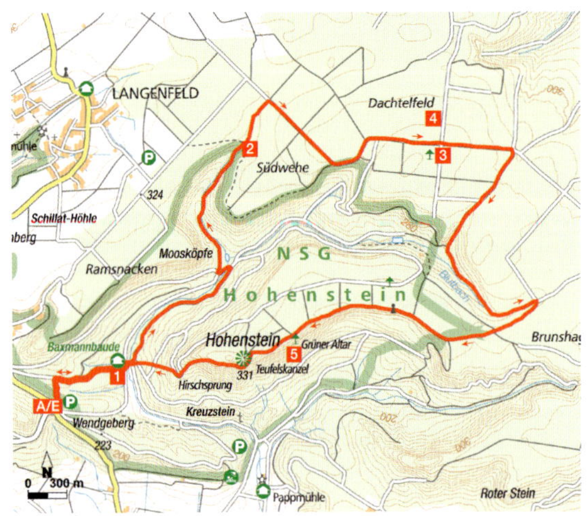

Hier wenden wir uns nach rechts und folgen dem Weg bis zur nächsten Weggabelung. Wir biegen links ab, passieren die **Baxmannbaude (1)** und überqueren den Blutbach. Wir gehen nach links und dann geradeaus am Blutbach (rechtsseitig) entlang, bis wir zur nächsten T-Kreuzung kommen. Hier wenden wir uns nach links, queren erneut den Blutbach, um dann sofort rechts abzubiegen. Weiter geht es am Blutbach entlang, einen steilen Anstieg hinauf bis zur **Blutbachquelle (2)**. Wir folgen dem Weg weiter (ausgeschildert mit Wanderweg 7). An der nächsten Kreuzung gehen wir rechts und bleiben sehr lange auf dem Wanderweg. Wir passieren die Kreuzung, die

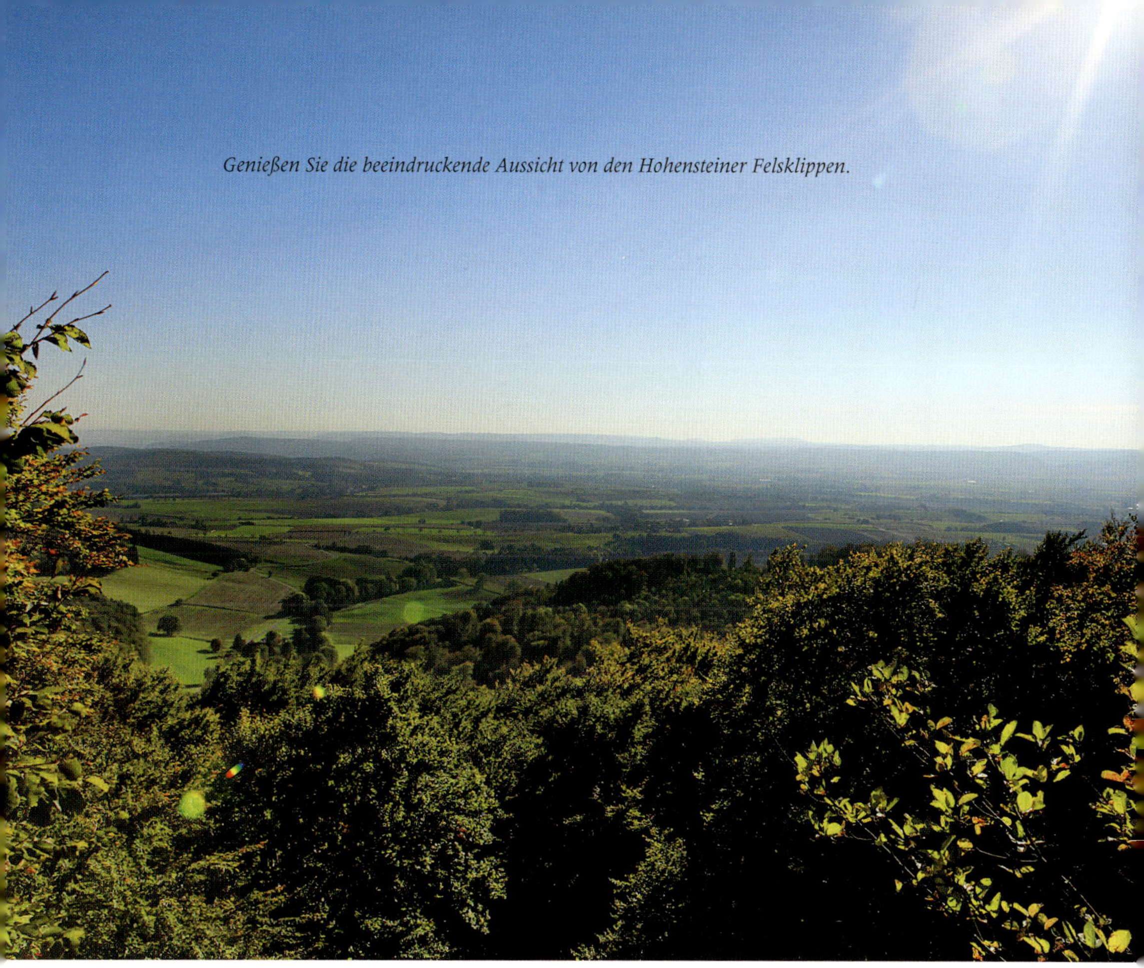

Genießen Sie die beeindruckende Aussicht von den Hohensteiner Felsklippen.

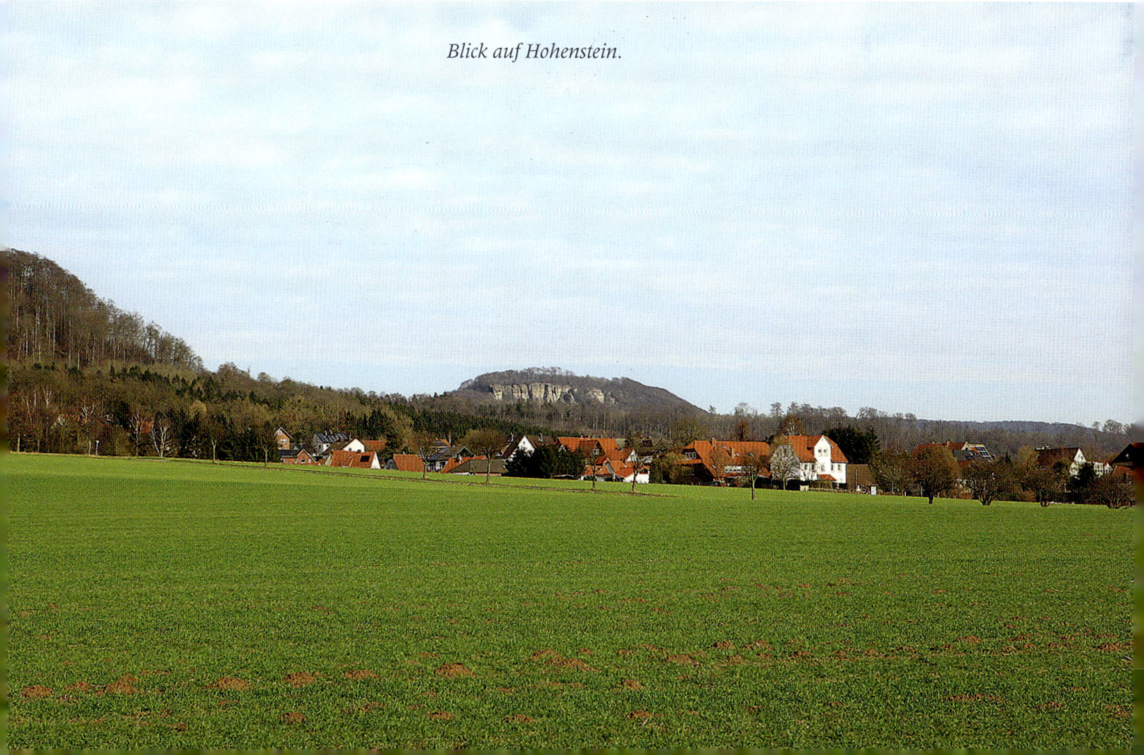

Blick auf Hohenstein.

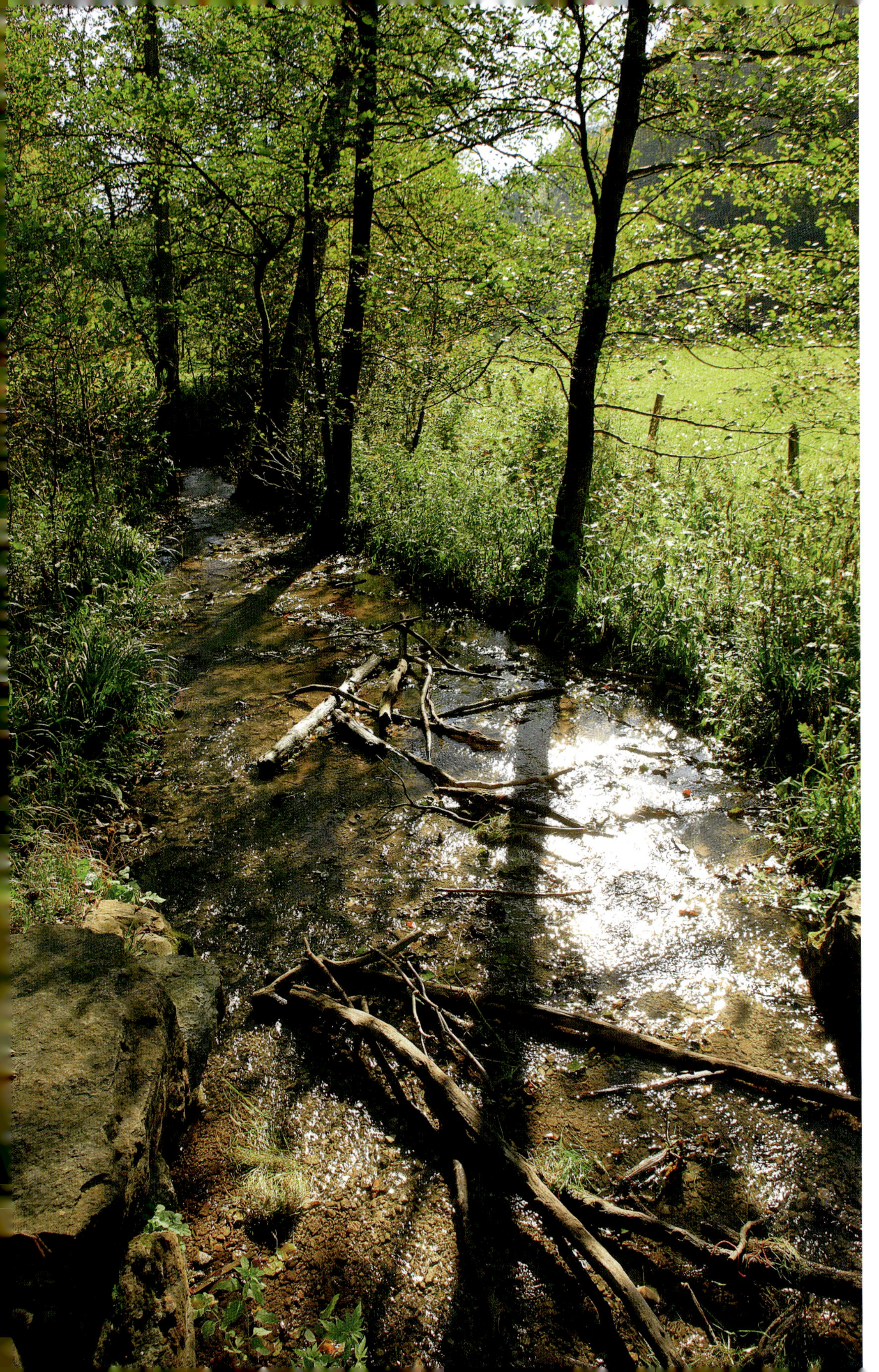

uns nach rechts zur **Süntelbuche mit Schutzhütte (3)** führt und nach links zum **Dachtelfeld (4)**. Abstecher sind lohnenswert. Der Wanderweg geht geradeaus weiter. An der nächsten Kreuzung gehen wir halbrechts geradeaus. An der folgenden Kreuzung biegen wir rechts ab. Wir folgen weiter dem Wanderweg 7, der scharf nach links abbiegt, bis über eine Kreuzung und dann weiter stets geradeaus bis zum Grünen Altar, auch **Teufelskanzel (5)** genannt. Weiter geht es bis zu den Hohensteiner Felsklippen, wo wir die grandiose Aussicht genießen. Wir halten uns rechts und folgen dem Weg zu einer T-Kreuzung, wo wir links abbiegen. Weiter geht es auf diesem Weg bis zum Baxmannbaude. Alternativ kann auch der kürzere Treppenweg genommen werden. Hier legen wir eine verdiente Rast ein. Nach einer ausgiebigen Stärkung geht es weiter bis zur Kreuzung, wo wir links abbiegen und dem Weg etwa einen Kilometer bis zum Parkplatz folgen.

Tipp

Unbedingt beachten

Es handelt sich um ein Naturschutzgebiet, bleiben Sie deshalb bitte unbedingt auf den Wegen. Außerdem gilt im Naturschutzgebiet ganzjährige Leinenpflicht. Hier wäre eine Schleppleine sinnvoll.

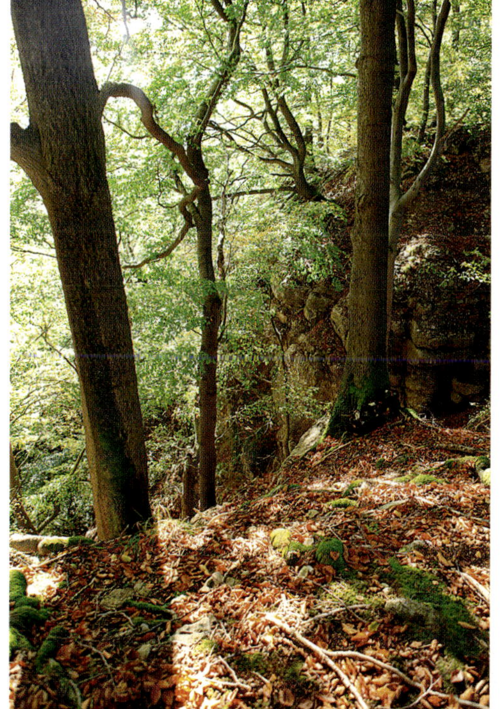

◂ *Der Blutbach.*

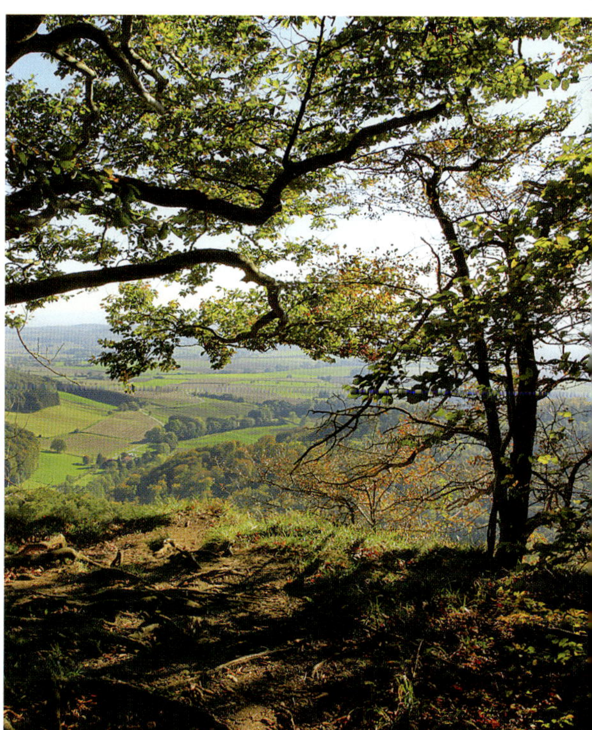

Auf dem Weg nach Hohenstein.

8 Historischer Stadtrundgang Hameln

Auf den Spuren des Rattenfängers

Die schöne Stadt Hameln, die vor allem durch die Rattenfängersage weltweite Berühmtheit erlangte, hat jedoch noch weit mehr zu bieten. Entdecken Sie auf einem Stadtrundgang die historische Altstadt mit ihren kleinen Gassen, prächtigen Einkaufsmeilen sowie hübschen Fachwerk- und Sandsteinhäusern.

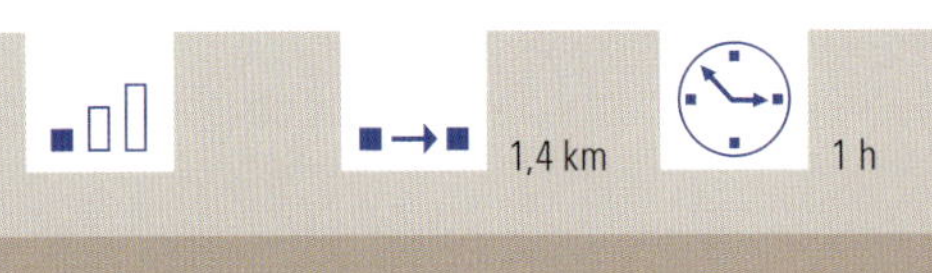

Tourencharakter
Für Kinderwagen und Rollstuhlfahrer geeignet.

Ausgangs-/Endpunkt
Parkgarage Rathausplatz, Kastanienwall, 31785 Hameln, ausgeschildert mit einer Bronzeplatte, die im Pflaster verlegt wurde und auf der eine Ratte abgebildet ist.

Anfahrt
Busbahnhof City/ZOB direkt in der Altstadt, Bahnhof Hameln mit S-Bahnanschluss von/nach Hannover und Paderborn sowie Nordwestbahn von/nach Hildesheim, Elze, Rinteln, Bad Oeynhausen.

Einkehr
Amerikanisches Steakhaus »SASH«, Pyrmonter Str. 12, 31789 Hameln, 05151/61166, Öffnungszeiten Mo bis So ab 18 Uhr, www.steaks-hameln.de
Spezialitätenrestaurant »Pfannekuchen«, Hummenstr. 12, 31785 Hameln, 05151/41378, Öffnungszeiten: Mo bis Fr 11–15 und 17–22 Uhr, Sa, So und an Feiertagen 10–22 Uhr, www.pfannekuchen-hameln.de
»Rattenkrug« (Hamelns ältestes Gasthaus), Bäckerstr. 16, 31785 Hameln, Telefon: 05151/22731, Öffnungszeiten: Mo bis Fr 11–14.30 Uhr und ab 17 Uhr, Sa/So ab 11 Uhr durchgehend, www.rattenkrug.de
»Bierstube Kitzinger«, Osterstr. 14, 31785 Hameln, Telefon: 05151/940202, Öffnungszeiten: täglich ab 11 Uhr, urig und sehr hundefreundlich
»Kaffeestuben«, Wendenstr. 9, 31785 Hameln, Telefon: 05151/958801, Öffnungszeiten: Mo bis Sa 9–18 Uhr, So 14-18 Uhr, liebevoll mit alten Antiquitäten eingerichtet, genießen Sie hausgemachte Köstlichkeiten in Oma's Stube, www.kaffeestuben-hameln.de

Information
Hameln Marketing und Tourismus GmbH, 31785 Hameln, Deisterallee 1 (am Bürgergarten), Telefon: 05151/957823, www.hameln.de

In Hameln sind alle Sehenswürdigkeiten gut zu Fuß zu erreichen und können bei einem gemütlichen Stadtrundgang auf den Spuren des Rattenfängers erkundet werden. Neben entzückenden Sandstein- und Fachwerkbauten aus dem 16. bis 18. Jahrhundert, die vermögende Kaufleute errichteten, um ihren Wohlstand auszudrücken, zeugen kleine, charmante Gassen von der Atmosphäre einer bezaubernden Stadt.

Unsere Besichtigungstour starten wir von der **Parkgarage am Rathausplatz (A/E)** aus, die wir auf der rechten Seite des Kastanienwalls verlassen. Rechts von uns liegt die Altstadt. Wir biegen rechts in die Heiliggeiststraße ein und kommen am **Rattenfängerhaus (1)** in die Osterstraße.

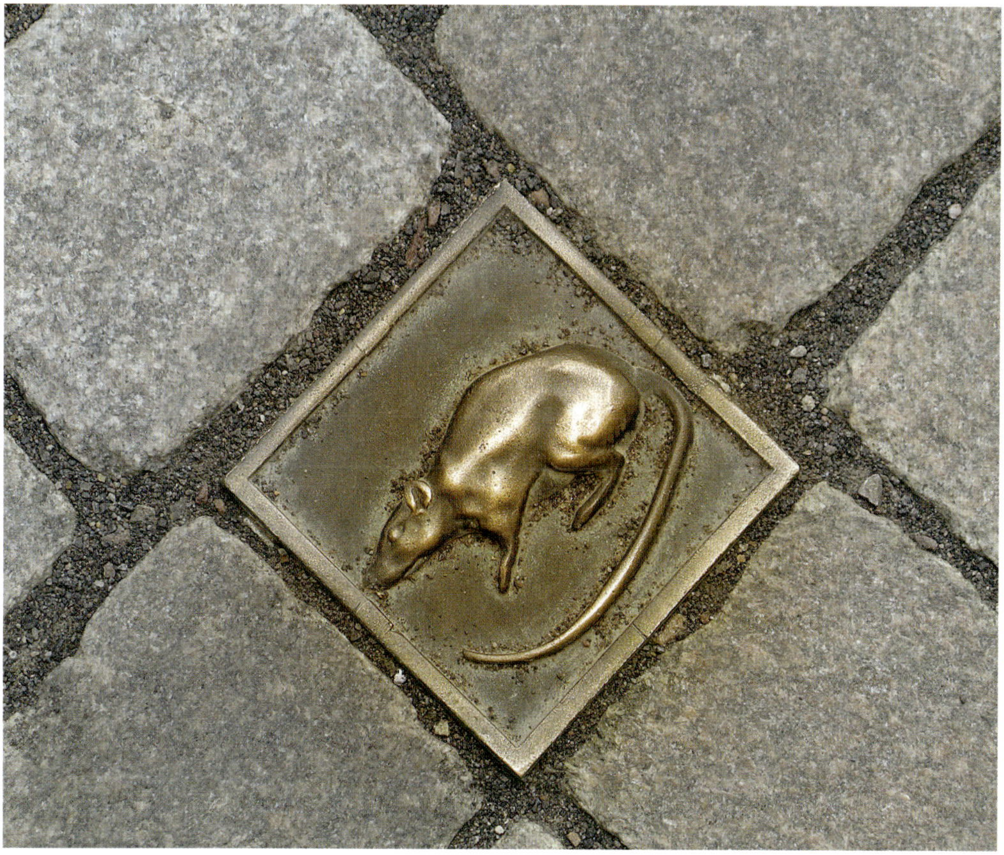

Das Rattensymbol im Pflaster führt die Besucher durch die Stadt.

Das Leisthaus.

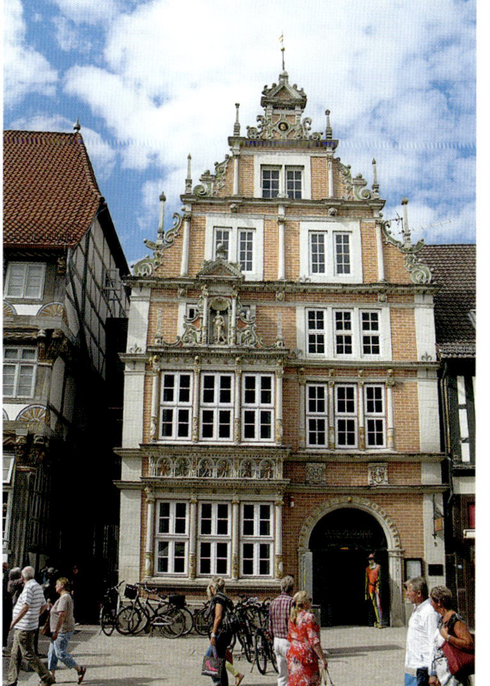

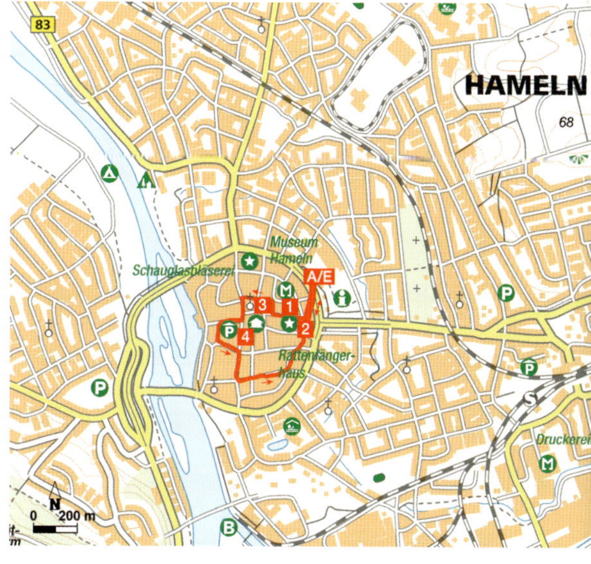

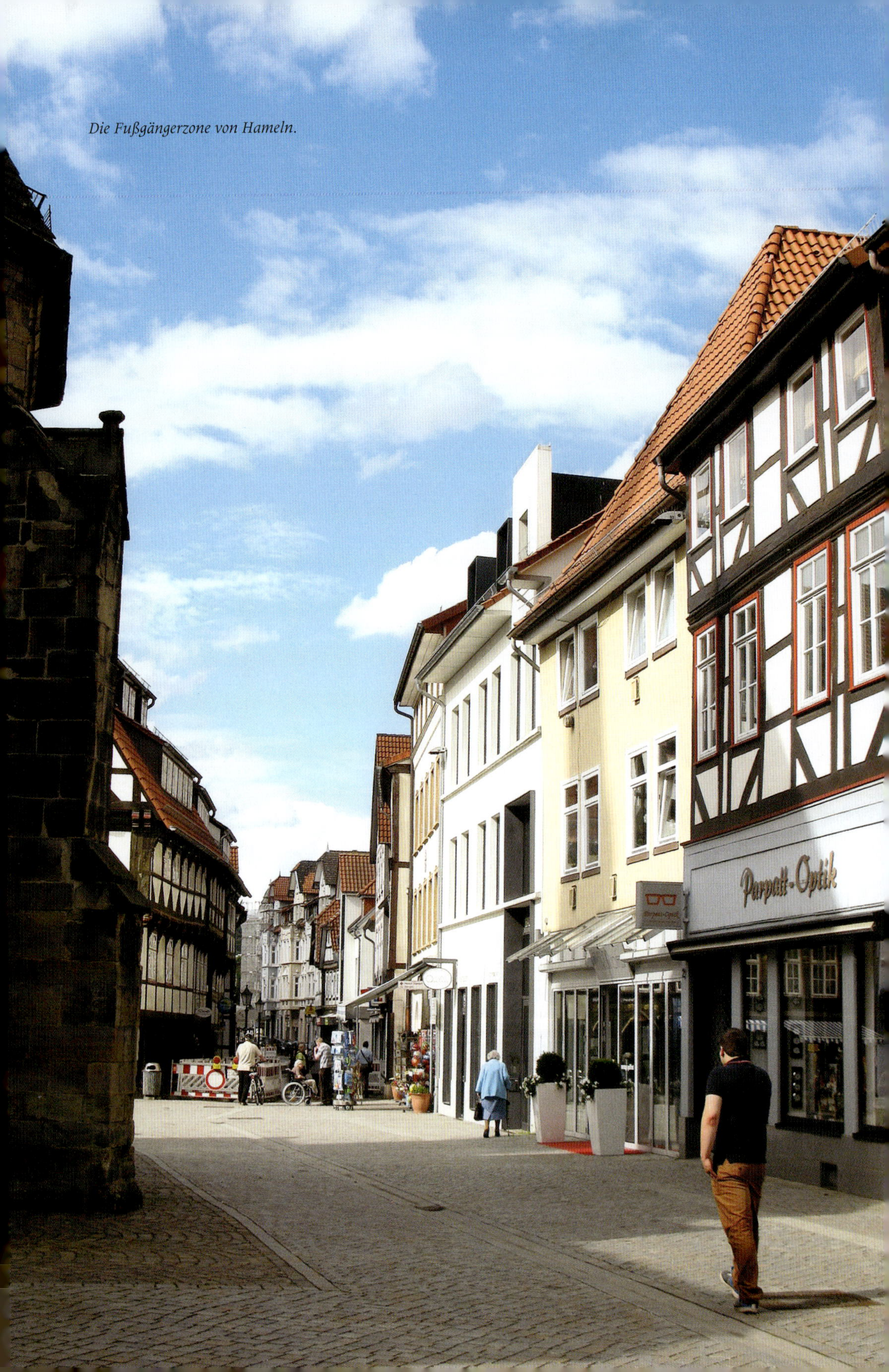

Die Fußgängerzone von Hameln.

Hier halten wir uns rechts. Wir gehen geradeaus. Auf der rechten Seite passieren wir das **Leisthaus (2)**, in dem sich ein Museum befindet. Wir biegen die nächste Straße rechts ab. Links von uns liegt nun die **Marktkirche St. Nicolai (3)**, die wir umrunden, indem wir zweimal links abbiegen. Neben der Kirche befindet sich das **Hochzeitshaus (4)**, an dem stündlich ein Glockenspiel ertönt. Wir gehen geradeaus in die Bäckerstraße und biegen dann rechts in die Fischpfortenstraße ein. Nun geht es links in die Kupferschmiedestraße und dann nochmals links in die Wendenstraße. Wir kommen wieder auf die Bäckerstraße. Wir gehen geradeaus bis links die Alte Marktstraße abgeht. Hier biegen wir ein und folgen der Alten Marktstraße bis zur T-Kreuzung mit der Neuen Straße. Hier wenden wir uns nach rechts und biegen sofort wieder links ein (Bungelosenstraße). Dieser Straße folgen wir, bis wir wieder zum Rattenfängerhaus gelangen. Durch die Heiliggeiststraße geradeaus kommen wir auf den Kastanienwall und wieder zum Eingang der Parkgarage Rathausplatz.

Schöne Schnitzerei am Stiftsherrenhaus.

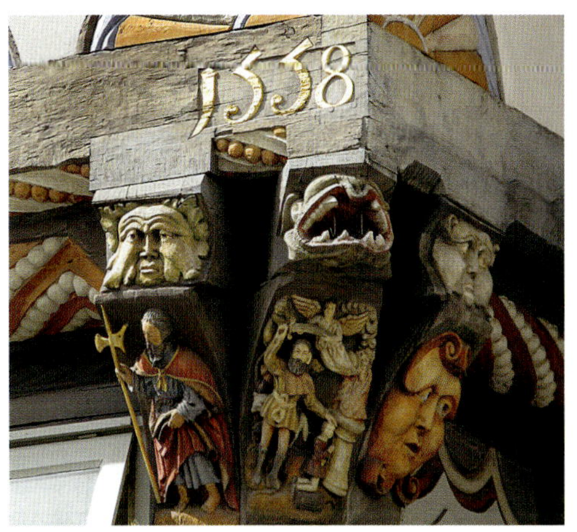

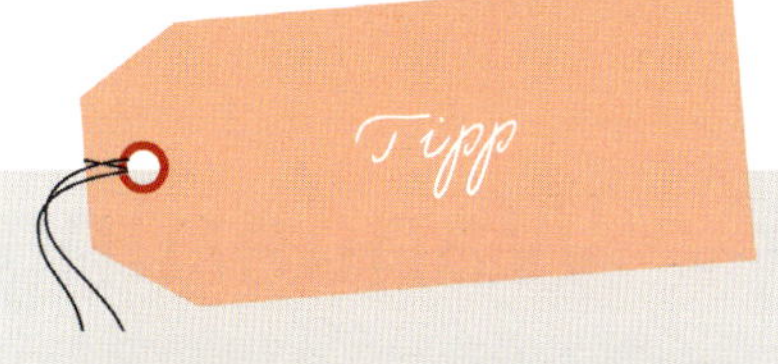

Weihnachtsmarkt

Wer Hameln im Dezember besucht, sollte auch einen Spaziergang über den schönen und stimmungsvollen Weihnachtsmarkt einplanen. Rund 70 weihnachtlich geschmückte Buden werden direkt in der historischen Altstadt aufgebaut und laden zum Flanieren und Genießen ein.

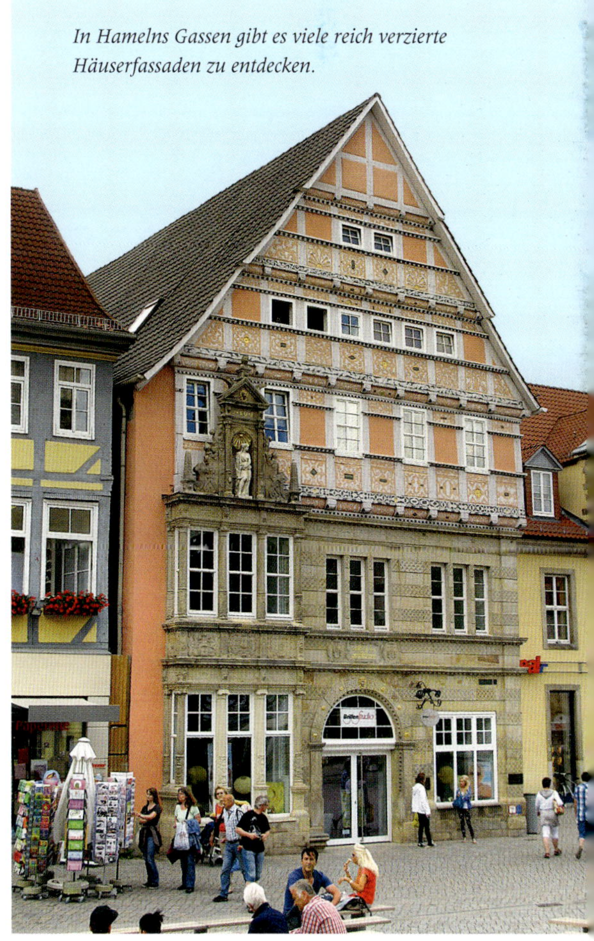

In Hamelns Gassen gibt es viele reich verzierte Häuserfassaden zu entdecken.

9 Wanderung zum Klütturm

Mit Panoramablick über das »Gibraltar des Nordens«

Der Klütturm im Stadtwald bietet einen grandiosen Panoramablick über Hameln. Im Siebenjährigen Krieg (1756–1763) wurde die Festung Hameln durch Errichtung des Klütturms zur stärksten Festung des Fürstentums Hannover. Hameln wurde zum uneinnehmbaren »Gibraltar des Nordens«. 1806 kapitulierte die Rattenfängerstadt dennoch kampflos vor Napoleon.

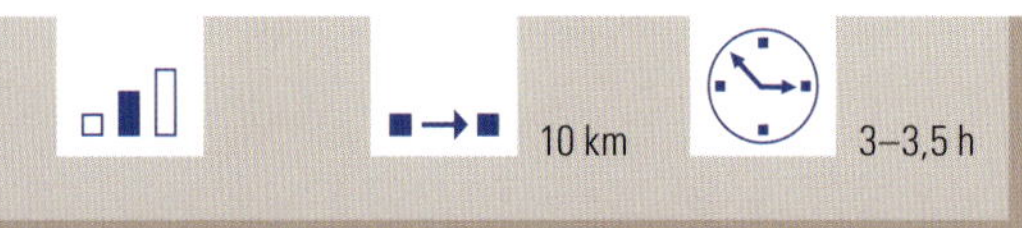

Tourencharakter
Für Kinderwagen und Rollstuhlfahrer nicht geeignet.

Ausgangs-/Endpunkt
Altes Forsthaus Finkenborn, Finkenborn 1, 31787 Hameln

Anfahrt
Bis Bahnhof Hameln, von dort mit Bus Nr. 7 weiter, bis Felsenkellerweg stündlich, von dort zu Fuß weiter in Richtung Klütturm, steiler Aufstieg.

Einkehr
Ausflugslokal »Altes Forsthaus Finkenborn«, Finkenborn 1, 31787 Hameln, Telefon: 05151/62169 www.finkenborn.de Öffnungszeiten: Mo und Di geschlossen, Mi bis Sa 12–22 Uhr, So 11–22 Uhr, in den Monaten Oktober und November sowie von Januar bis März nur von Fr bis So geöffnet.

Information
Hameln Marketing und Tourismus GmbH, Deisterallee 1, 31785 Hameln, Telefon: 05151/957823, www.hameln.de/tourismus/

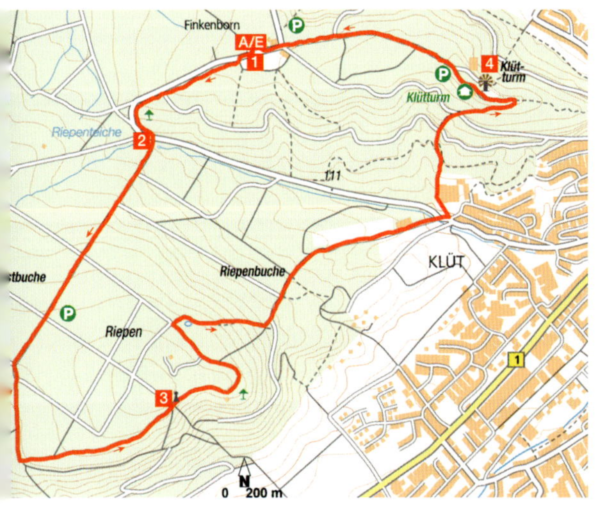

Geradeaus vom **Forsthaus Finkenborn (A/E)** geht es zum **Kletterwald Hameln (1)**.

Wir biegen jedoch rechts ab, wandern in westlicher Richtung und folgen dem Wanderweg 9. Am Ende des Kletterwaldes auf der linken Seite biegen wir links in den Waldweg ab und wenden uns dann sofort nach rechts. Der Weg verläuft nun parallel zur Straße. Wir gehen über eine Kreuzung, folgen dem Weg dann bis zu einer T-Kreuzung, biegen hier rechts ab und kreuzen wenige Meter später die Straße. Wir queren den Wiengrundbach, kommen an den **Riepenteichen (2)** (auch Seerosenteichen) vorbei, folgen dem schnurgeraden Weg bis zum Ende und halten uns dann schräg links. An der nächsten Weggabelung geht es nach rechts. Am Ende geht der Wanderweg 9 rechts ab, wir halten uns jedoch links und an der folgenden Abzweigung rechts. Der Waldweg führt uns dann an der Riepenkanzel mit der **Schutzhütte (3)**

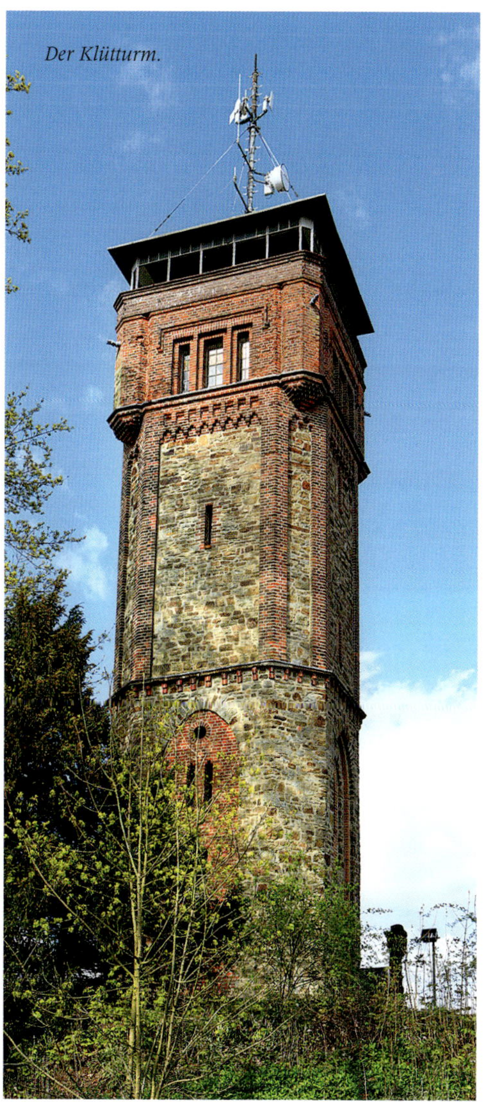

Der Klütturm.

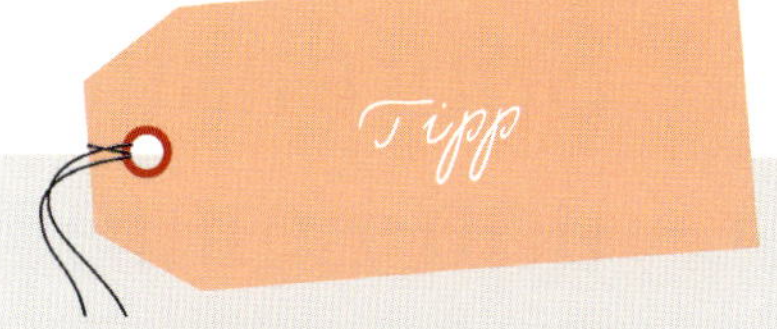

Für Gartenfreunde

Nur drei Kilometer entfernt von Hameln liegt der Ohrbergpark auf dem Ohrberg, in der Gemeinde Emmerthal. Dabei handelt es sich um eine 45 Hektar große Parkanlage, die Georg Adolf von Hake 1818 auf seinem Rittergut anlegen ließ und die sich bis heute im Besitz der Familie Hake befindet. Der Park ist frei zugänglich und bietet eine mannigfaltige Mischung aus heimischen und exotischen Pflanzenarten. Ein Besuch lohnt sich zu jeder Jahreszeit, doch besonders im Mai, wenn die Pflanzen blühen und den Park in prächtige Farben tauchen.

vorbei. Von hier bietet sich ein beeindruckender Blick über die Weser. Weiter geht es geradeaus. An der nächsten Kreuzung biegen wir scharf rechts ab. Wir folgen dem Weg, der steil bergab geht und in die Riepenstraße mündet. Wir überqueren die Kreuzung sowie den Wiengrundbach und gehen den Weg in Richtung **Klütturm (4)** hinauf. Der Anstieg erfordert eine gute Kondition oder viele Aufstiegspausen. An der Kreuzung hinter dem Wiengrundbach geht es nach links, dann die nächste rechts in den Wald. Wir folgend dem steil ansteigenden Rundwanderweg 1 bis zum Klütturm, von dem aus man die tolle Aussicht auf Hamelns Altstadt genießen kann. Dem parallel zur Straße verlaufenden Wanderweg folgend kehren wir zurück zum Parkplatz des Forsthauses Finkenborn.

10 Spurensuche Hämelschenburg und Emmer

In den Fußstapfen der Pilger

Das Schloss Hämelschenburg diente schon immer Pilgern als Unterkunft. Davon zeugen noch der von Jakobsmuscheln gesäumte Eingang und die Pilgerhalle. Das im 16. Jahrhundert erbaute Schloss gehört zu den schönsten und bedeutendsten Renaissanceanlagen Deutschlands.

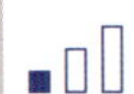

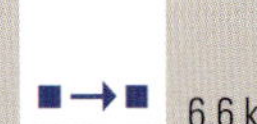 6,6 km

 1,5–2 h

Tourencharakter
Für Kinderwagen, jedoch nicht für Rollstuhlfahrer geeignet außer auf Schloss Hämelschenburg.

Ausgangs-/Endpunkt
Parkplatz Hämelschenburg, Schlossstr. 1, 31860 Hämelschenburg, Wanderweg ist ausgeschildert mit blauer 8 auf gelbem Rechteck, Flyer ist im Café der Hämelschenburg erhältlich.

Anfahrt
Bahnhof Emmerthal ist 4 Kilometer entfernt. Die Buslinie 40 verkehrt von Emmerthal tagsüber an Wochentagen stündlich nach Hämelschenburg, samstags nur zwei Mal und an Sonn- und Feiertagen leider überhaupt nicht. Den Busfahrplan der Linie 40 finden Sie unter www.oeffis.de.

Einkehr
Café der Hämelschenburg, www.schloss-haemelschenburg.de, Öffnungszeiten: täglich außer montags und an Feiertagen, April und Oktober von 12–17 Uhr, Mai–September 11.20–17.30 Uhr; Landgasthaus »Zum schweren Dragoner«, www.zum-schweren-dragoner.de, Amelgatzer Str. 10, 31860 Emmerthal/Amelgatzen, Öffnungszeiten: Mi bis So 11–14 Uhr und ab 18 Uhr.

Information
Verkehrsverein Emmerthal e.V., Berliner Str. 15, 31860 Emmerthal, Telefon: 05155/690, www.emmerthal.de

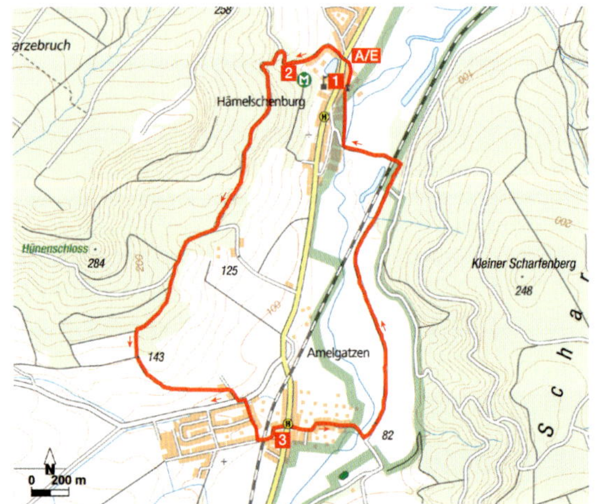

Vom **Parkplatz (A/E)** begeben wir uns zum **Schloss Hämelschenburg (1)**. Wir nehmen den Rampenweg und folgen diesem vorbei am **Mausoleum (2)**, das an eine Pyramide erinnert, und an der historischen Bremsbahn, bis sich an einer T-Kreuzung die Wirtschaftswege aufteilen. Wir gehen nicht geradeaus, sondern halten uns links. Wir folgen dem Weg, bis rechts ein Waldweg abgeht. Diesem folgen wir, bis wir den Wald verlassen und links ein Feld erreichen. Vor dem Feld biegen wir links ab und folgen dem Weg Am Hauben bis zur Kreuzung. Wir überqueren die Straße und wenden uns nach links. Die nächste Straße biegen rechts ein und folgen dieser bis zur Kreuzung mit dem Koppelweg. Hier halten wir uns links. An der nächsten Kreuzung überqueren wir die Ampel, wenden uns nach links und biegen bei der nächsten Möglichkeit rechts ab. Hier wäre die Gelegenheit zur Einkehr beim **Landgasthaus »Zum schweren Dragoner« (3)**. Wir folgen der Emmerstraße, vorbei an den Bremer Stadtmusikanten, über die Emmer und biegen dann links in die Emmerwiesen und Emmerauen ein. Wir bleiben auf diesem Weg, unterqueren dabei die Bahnschienen und überqueren die Emmer ein weiteres Mal. Nach dem ersten Haus auf der rechten Seite geht ein Fußweg ab, dem wir folgen und der uns an einem Kunsthandwerkverkauf vorbeiführt. Auf diesem Weg gelangen wir wieder zurück zum Parkplatz.

Tipp

Schloss Hämelschenburg kann besichtigt werden: täglich außer montags und an Feiertagen im April und Oktober 11–16 Uhr, Mai bis September 10–17 Uhr, Eintritt: Erwachsene 7 Euro, Kinder ab 5 Jahre 4,50 Euro, www.schloss-haemelschenburg.de

Achtung: Die Emmerauen sind ein Naturschutzgebiet, daher herrscht Leinenpflicht. Zudem können im Herbst nach starken Regenfällen die Brücken über die Emmer und die Emmerauen gesperrt sein.

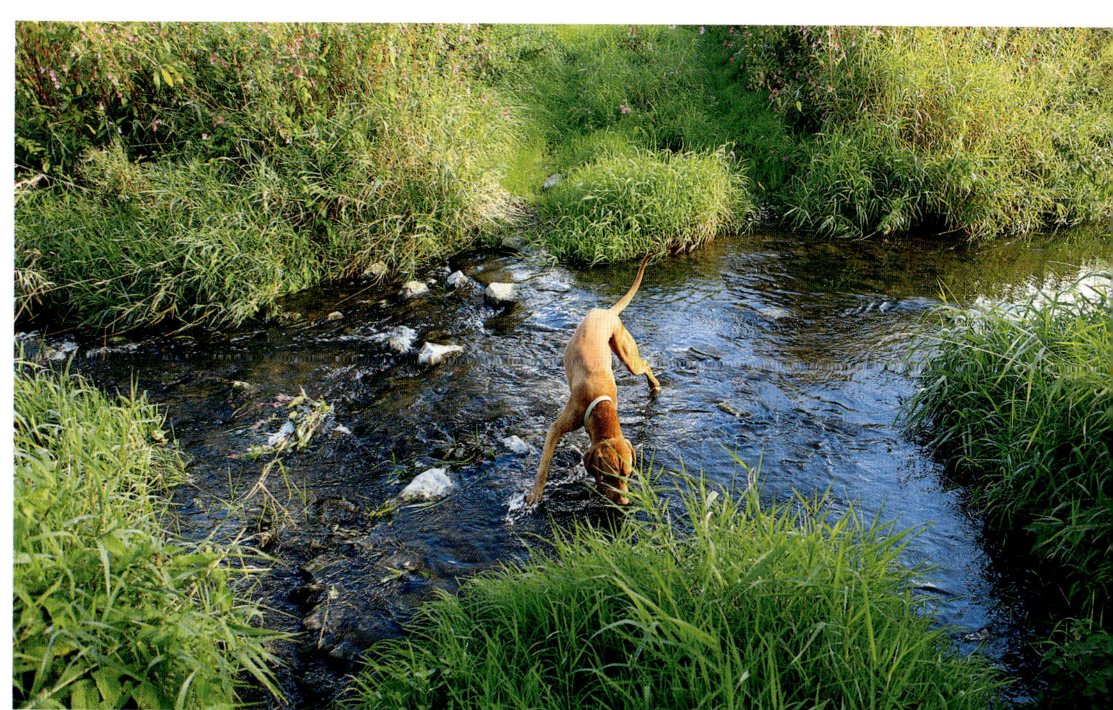

Ferdinand gönnt sich eine kleine Erfrischung in der Emmer.

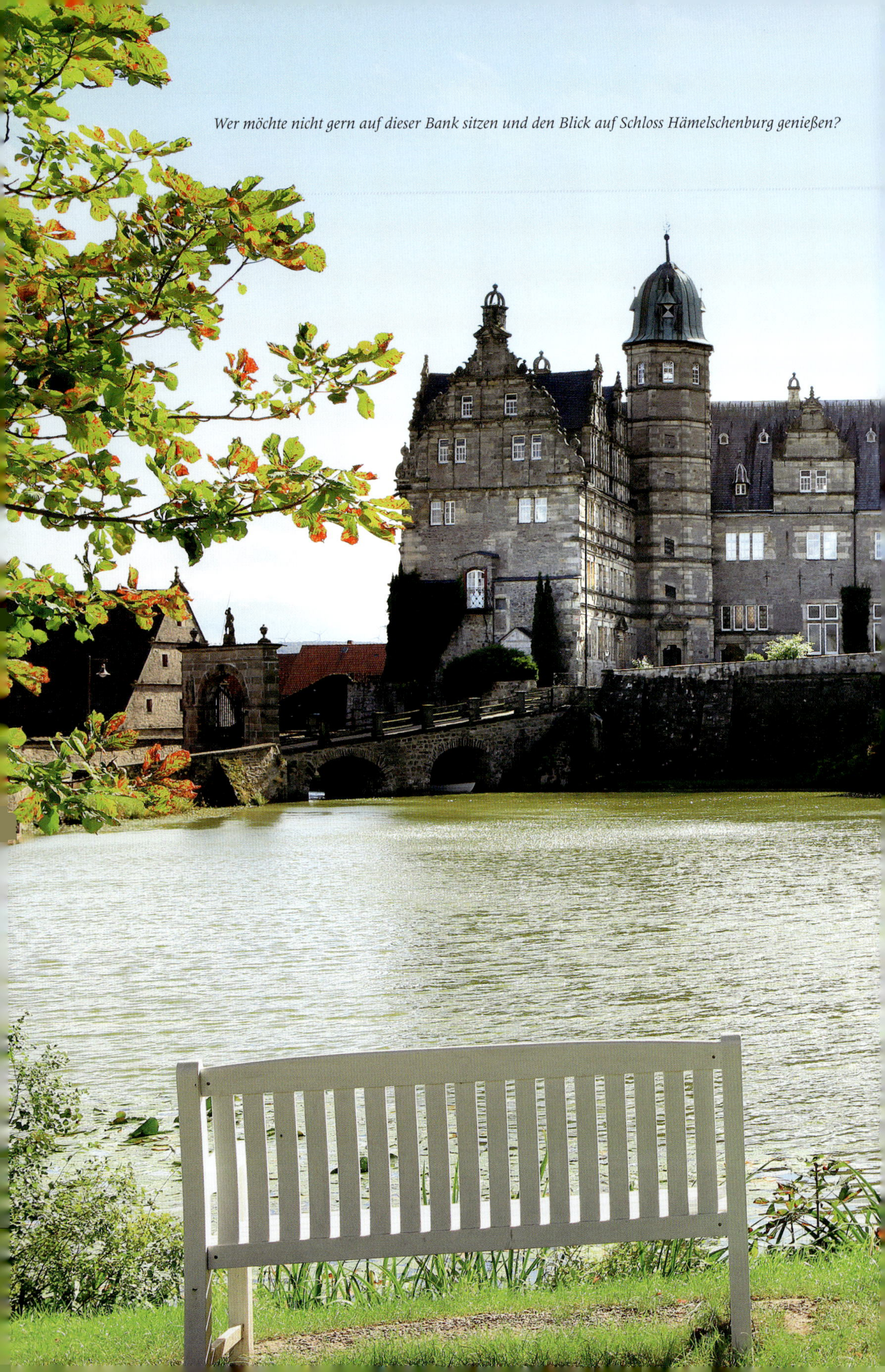

Wer möchte nicht gern auf dieser Bank sitzen und den Blick auf Schloss Hämelschenburg genießen?

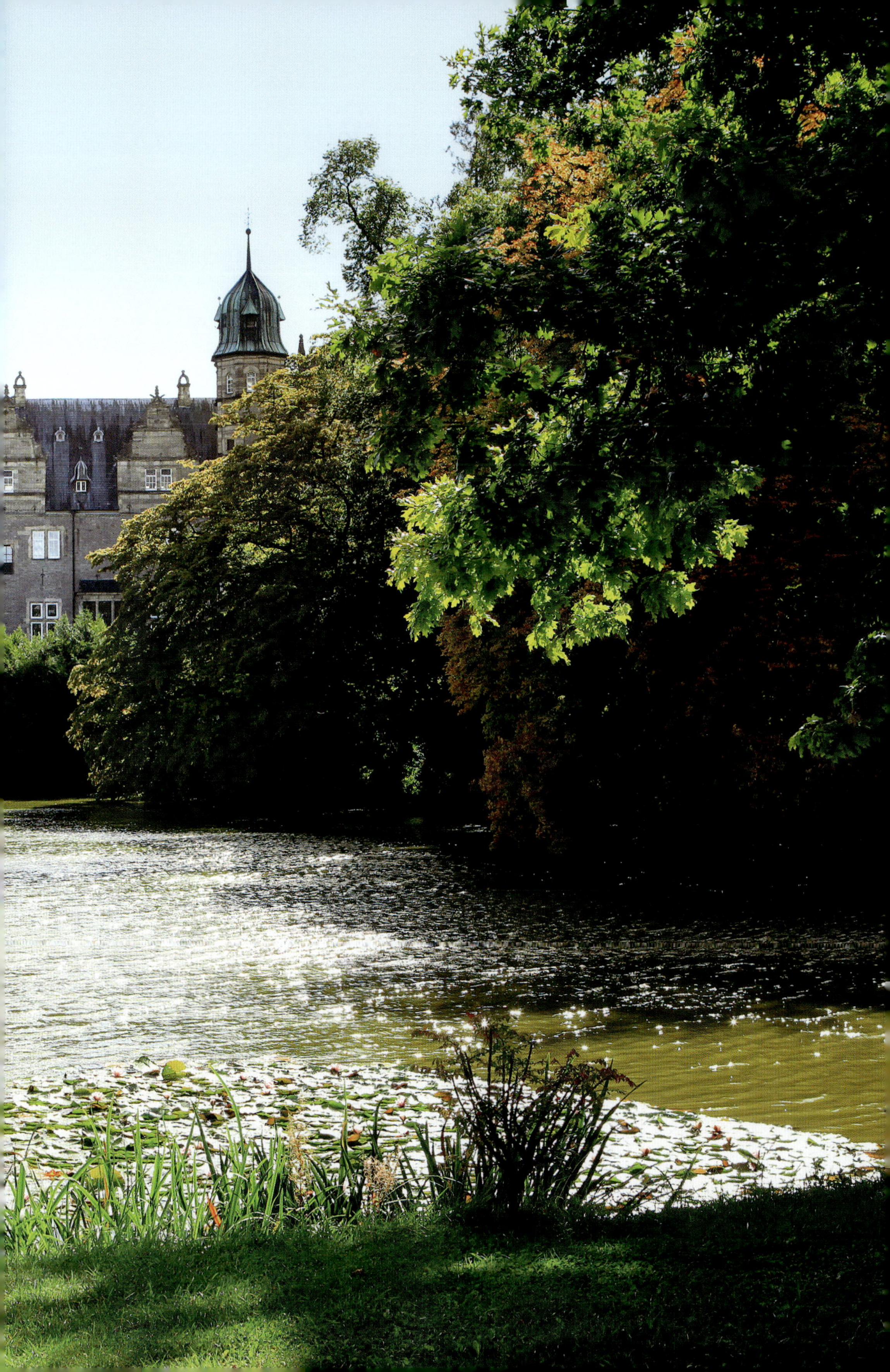

11 Erlebniswanderweg

Der Götterpfad

Der Rundweg führt uns an alte heilige Plätze und macht uns mit regionalen Sagen bekannt.

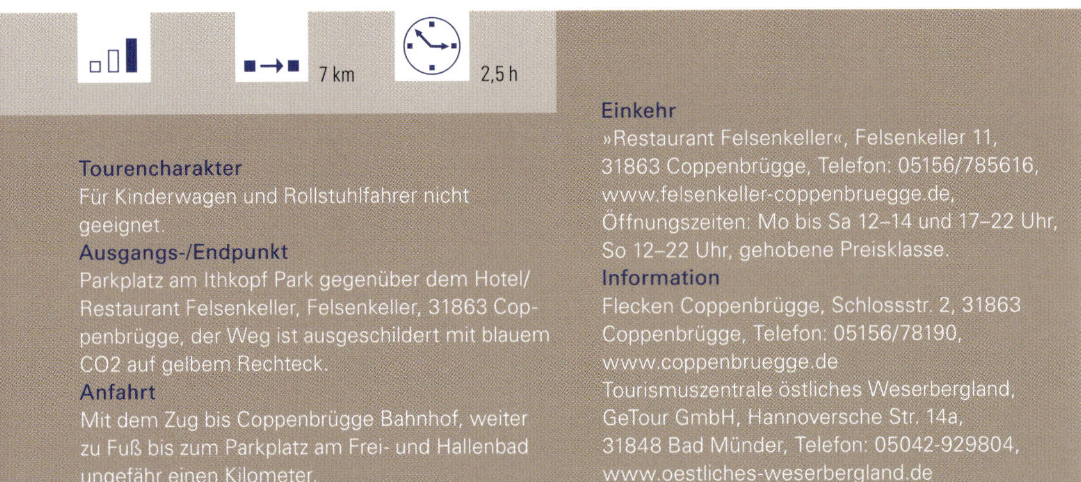

7 km

2,5 h

Tourencharakter
Für Kinderwagen und Rollstuhlfahrer nicht geeignet.

Ausgangs-/Endpunkt
Parkplatz am Ithkopf Park gegenüber dem Hotel/Restaurant Felsenkeller, Felsenkeller, 31863 Coppenbrügge, der Weg ist ausgeschildert mit blauem CO2 auf gelbem Rechteck.

Anfahrt
Mit dem Zug bis Coppenbrügge Bahnhof, weiter zu Fuß bis zum Parkplatz am Frei- und Hallenbad ungefähr einen Kilometer.

Einkehr
»Restaurant Felsenkeller«, Felsenkeller 11, 31863 Coppenbrügge, Telefon: 05156/785616, www.felsenkeller-coppenbruegge.de, Öffnungszeiten: Mo bis Sa 12–14 und 17–22 Uhr, So 12–22 Uhr, gehobene Preisklasse.

Information
Flecken Coppenbrügge, Schlossstr. 2, 31863 Coppenbrügge, Telefon: 05156/78190, www.coppenbruegge.de
Tourismuszentrale östliches Weserbergland, GeTour GmbH, Hannoversche Str. 14a, 31848 Bad Münder, Telefon: 05042-929804, www.oestliches-weserbergland.de

Vom **Parkplatz am Ithkopf Park (A/E)** gehen wir nach rechts und die

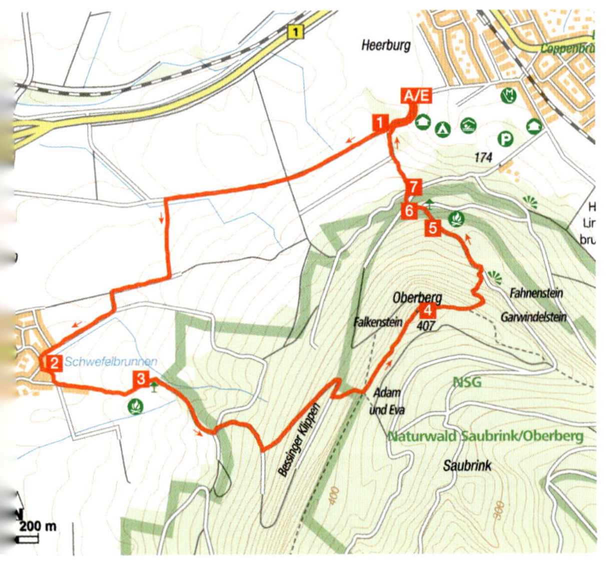

Straße Felsenkeller entlang bis zur **Schutzhütte (1)**. Der Blick über Hameln ist faszinierend und geheimnisvoll zugleich. Mit den dort aufgestellten Schautafeln tauchen wir in die germanische Welt ein und lernen die Götter und die heiligen Felsen rund um den Ith kennen. Unterwegs nach Bessingen begleitet uns eine herrliche Aussicht nach Westen über das Himdorfer Feld. Eine gleichnamige Sage weiß davon Tragisches zu berichten. Wir gehen geradeaus und biegen die zweite links ein. Es geht weiter geradeaus bis zur T-Kreuzung. Hier wenden wir uns nach rechts und folgen der Straße bis zur nächsten Abzweigung links. Hier biegen wir ein und folgen der Straße bis zur nächsten T-Kreuzung, wo wir uns

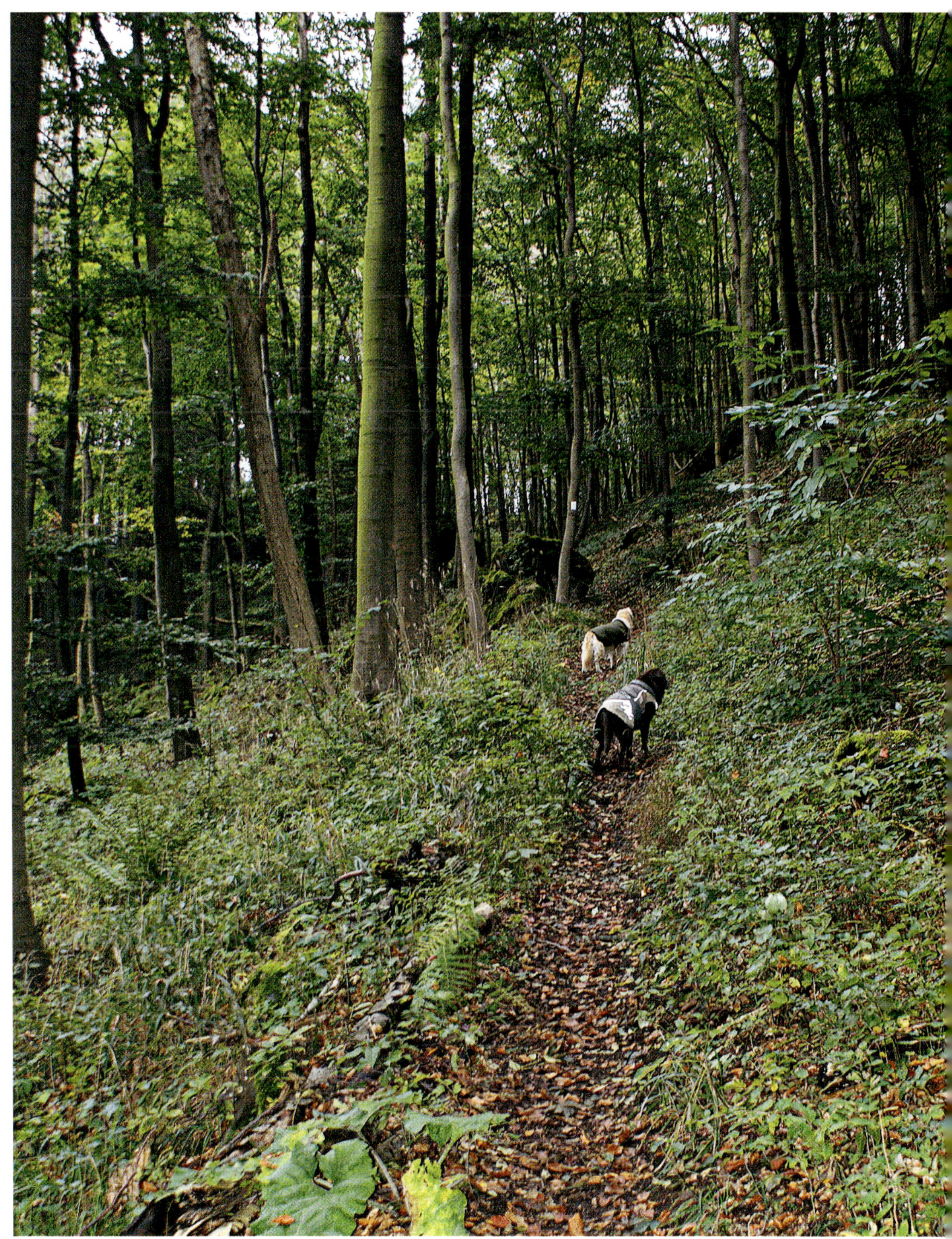

Ida und Grace auf dem Götterpfad.

nach rechts wenden. Wieder geht es geradeaus bis zum **Schwefelbrunnen (2)**. Bei einer Kostprobe des Quellwassers erfahren wir nicht nur, woher das Wasser kommt und woher es seinen speziellen Geschmack hat, sondern auch Sagenhaftes aus dem Jahre 1757 und über die gestohlene Kriegskasse. Wir gehen weiter über den Schwefelborn und biegen dann links in die Straße An der Höhe ein. 600 Meter weiter liegt auf der linken Seite die **Bessinger Grillhütte (3)**. Oberhalb lädt eine Bank vor einer beeindruckenden Landschaftskulisse zu einer Rast ein. Eine gute Gelegenheit, vielleicht doch die Elben im Teufelsbruch zu suchen oder von dem Männeken unterhalb des Ith Wundersames zu hören. An der Weggabelung am Waldesrand gehen wir nach rechts und folgen dem Weg bis zur nächsten Abzweigung. Hier halten wir uns links. Wir folgen dem Schotterweg bis zu einer Weggabelung und halten uns dann rechts. An der nächsten T-Kreuzung biegen wir links ab. Wir erreichen die Schautafel von Adam und Eva und lesen vor dem Aufstieg die Sage und vom vergangenen Brauchtum am beeindruckenden Felsenpaar. Wir gehen wenige Meter weiter geradeaus und biegen dann links in einen Waldpfad ein. Wir biegen sofort noch einmal links ab. Nun geht es 500 Meter hinauf in Richtung Klippenkamm bis zur imposanten **Felsformation von Adam und Eva (4)**. Von dort sind es nur noch wenige Meter bis zum Klippenkamm. Oben auf dem Kammweg angekommen, biegen wir links ab und folgen diesem Waldpfad. Wir befinden uns nun im Naturwald Saubrink/Oberberg. Wir gehen stets geradeaus und gelangen

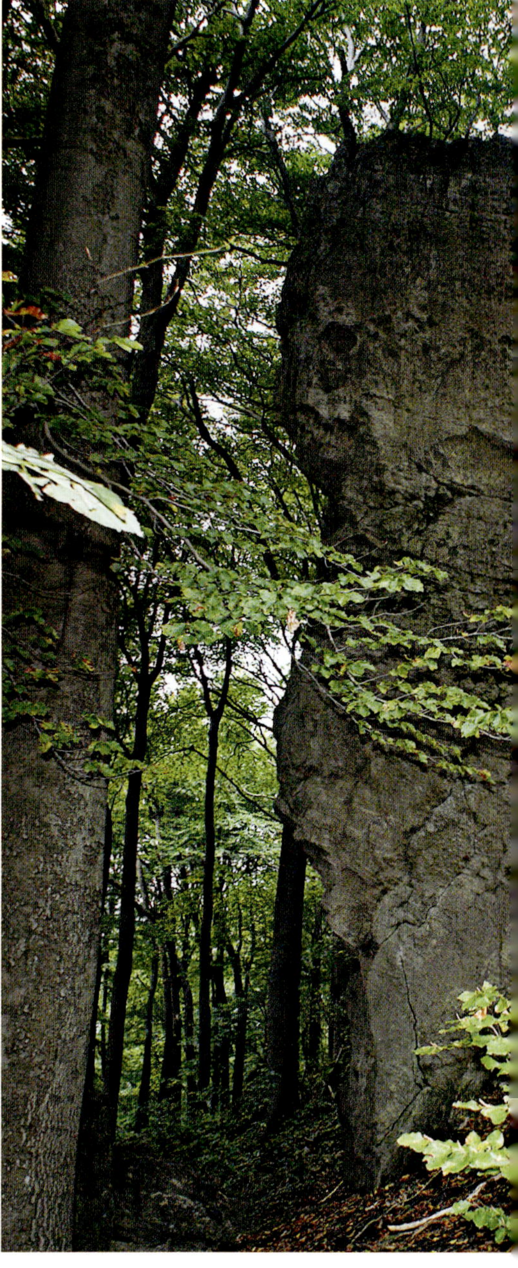

Die Felsformation Adam und Eva.

über den **Falkenstein (5)** in das heidnische Kultgebiet um den Fahnenstein. Am **Fahnenstein (6)**, dem Götterstein, sind die Götterbilder jüngst wiederentdeckt

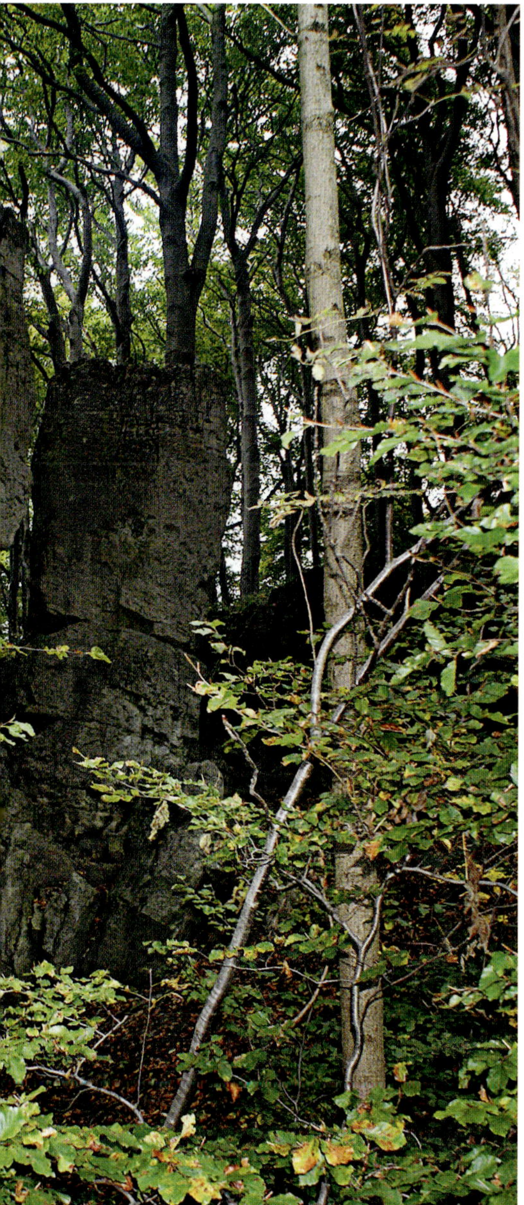

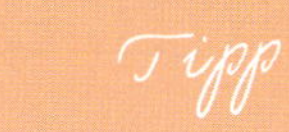

Leichte Alternative für ältere Hunde: Der Rattenfänger-Panorama-Weg

(Länge: 2 km; Zeit: 45 Minuten)

Analog zum Götterpfad gelangen wir zur Schutzhütte. Den nächsten Weg biegen wir links ab und **verkürzen unseren Weg (7)**. Wir gehen geradeaus über zwei Kreuzungen bis zum Waldrand und folgen dem Weg geradeaus durch den Wald, bis wir auf einen breiten Schotterweg treffen. Hier wenden wir uns nach links und gehen geradeaus, bis von rechts der Weg CO2 auf diesen Weg trifft. Wenige Meter weiter geht links ein schmaler Weg ab. Hier biegen wir ein. Wir gehen geradeaus über eine Kreuzung bis zu einer Querstraße. Hier halten wir uns rechts und erreichen nach wenigen Metern den Parkplatz am Ithkopf Park.

worden. Von der Aussichtskanzel aus blicken wir über Coppenbrügge hinweg auf den Osterwald und bei guter Sicht bis nach Hannover. Es folgt ein sehr steiler Abstieg über Treppenstufen. Wir folgen dem Pfad, bis wir an eine T-Kreuzung gelangen. Hier halten wir uns links. In der Rechtskurve geht ein Waldpfad links ab. Hier biegen wir ein und folgen diesem bis zur nächsten Querstraße. Wir halten uns rechts und biegen sofort wieder links ab. Wir gehen geradeaus über eine Kreuzung, bis wir auf einen weiteren Querweg stoßen. Hier wenden wir uns nach rechts und erreichen nach wenigen Metern den Parkplatz am Ithkopf Park.

12 Naturerlebnispfad am Lügder Schildberg

Mit zehn Erlebnisstationen

Hätten Sie gewusst, dass ein Wildschwein vier Meter weit springen kann? Oder das Vögel zwischen vier und fünf Uhr morgens nicht alle gleichzeitig wach werden?

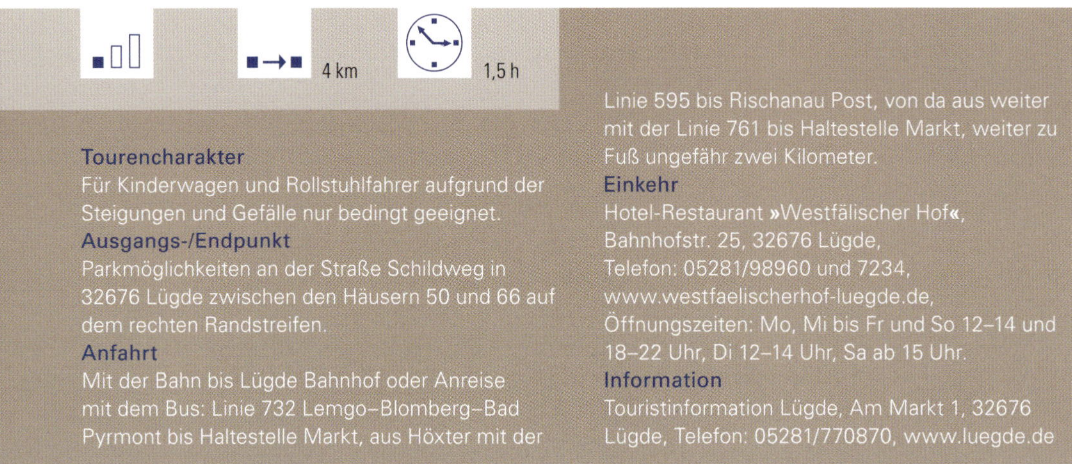
4 km

1,5 h

Tourencharakter
Für Kinderwagen und Rollstuhlfahrer aufgrund der Steigungen und Gefälle nur bedingt geeignet.

Ausgangs-/Endpunkt
Parkmöglichkeiten an der Straße Schildweg in 32676 Lügde zwischen den Häusern 50 und 66 auf dem rechten Randstreifen.

Anfahrt
Mit der Bahn bis Lügde Bahnhof oder Anreise mit dem Bus: Linie 732 Lemgo–Blomberg–Bad Pyrmont bis Haltestelle Markt, aus Höxter mit der Linie 595 bis Rischanau Post, von da aus weiter mit der Linie 761 bis Haltestelle Markt, weiter zu Fuß ungefähr zwei Kilometer.

Einkehr
Hotel-Restaurant »Westfälischer Hof«, Bahnhofstr. 25, 32676 Lügde, Telefon: 05281/98960 und 7234, www.westfaelischerhof-luegde.de, Öffnungszeiten: Mo, Mi bis Fr und So 12–14 und 18–22 Uhr, Di 12–14 Uhr, Sa ab 15 Uhr.

Information
Touristinformation Lügde, Am Markt 1, 32676 Lügde, Telefon: 05281/770870, www.luegde.de

Der Naturerlebnispfad rund um den Lügder Schildberg lädt Jung und Alt dazu ein, die faszinierende Tier- und Pflanzenwelt des Waldes mit allen Sinnen zu entdecken.

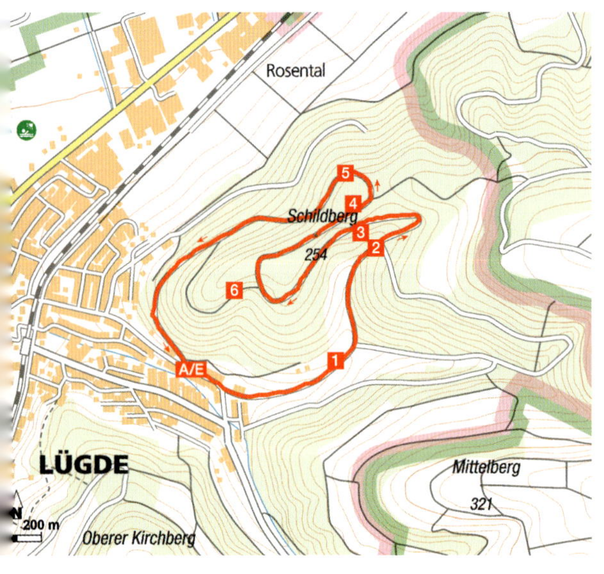

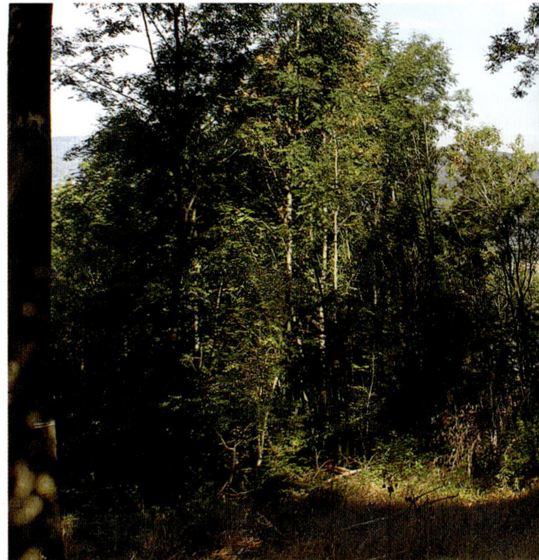

Zehn verschiedene Erlebnisstationen informieren spannend, anschaulich und lehrreich über den Lebensraum Wald und warum es so wichtig ist, diesen zu schützen. **Tipp:** In der Lügder Tourist-Info im Rathaus können sich große und kleine Entdecker Westen ausleihen, die mit allen Hilfsmitteln ausgestattet sind, die man für eine spannende Erkundungstour durch den Wald braucht.

Auf unserem Weg wandern wir vom **Schildweg in Lügde (A/E)** auf den Schildberg. Unser Weg führt uns direkt an **fünf Erlebnisstationen (1-5)** vorbei. Wir begeben uns auf eine Zeitreise in die Geschichte Lügdes. Denn auf dem Berg stand einmal die **Schildburg (6)**, eine Befestigungsanlage, die vermutlich im 10. oder 11. Jahrhundert erbaut wurde.

Wir biegen auf Höhe des Hauses Nr. 66 links ein und folgen der Beschilderung des Naturerlebnispfades stets geradeaus den Berg hinauf. Dabei lassen wir zwei Abbiegungen rechts liegen. Weiter geht es stattdessen geradeaus, bis wir nach 3,5 Kilometern wieder auf die Straße Schildberg auf Höhe des Hauses Nr. 52 stoßen.

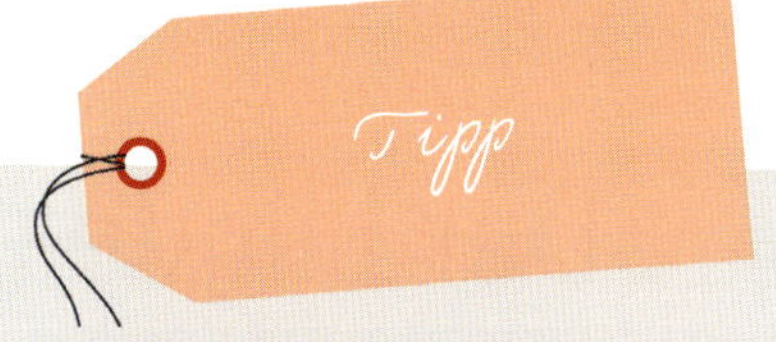

Osterräderlauf

Die lippische Stadt Lügde bezeichnet sich selbst als die Osterräderstadt, weil sie eine über tausendjährige Tradition (mindestens seit 784 n. Chr.) nachweisen kann. Immer am Abend des ersten Ostertages findet dort der Osterräderlauf statt. Ein Osterrad ist ein hölzernes Feuerrad, ein mit Stroh oder Reisig ausgestopftes Eichenrad, das nachts brennend von Hügeln heruntergerollt wird. Je nachdem wie steil und wie lang der Abhang ist, erreichen die Räder hohe Geschwindigkeiten. Dem Volksglauben nach gibt es eine gute Ernte, wenn das Rad am Fuße des Hanges ankommt, ohne vorher zur Seite zu fallen.

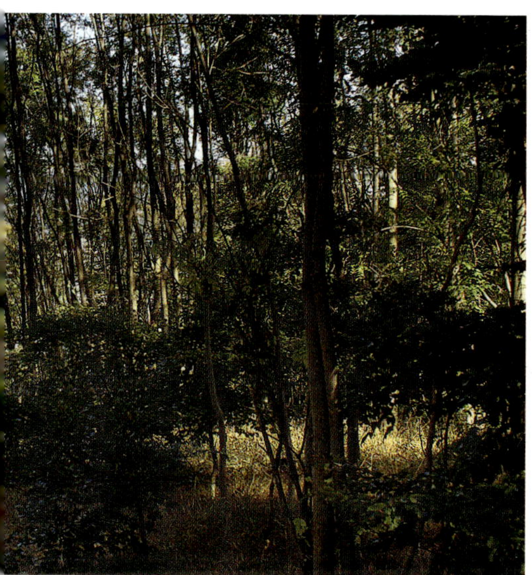

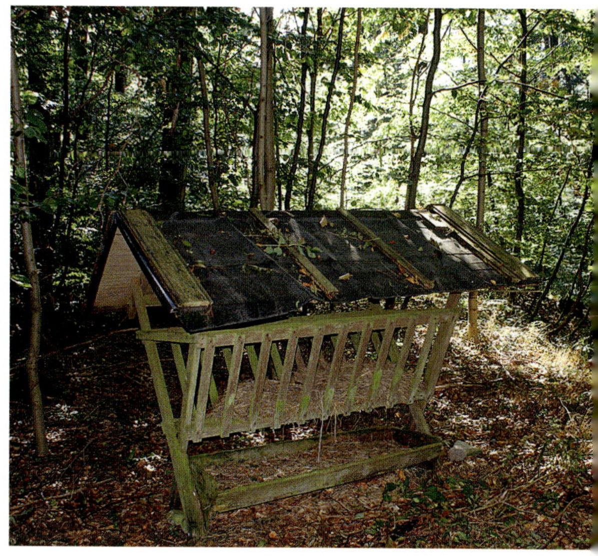

13 Der Lügder Mythenweg

Rund um die Herlingsburg

Um das Areal der Herlingsburg, die auf dem 345 Meter hohen Keuperberg steht, ranken sich viele geheimnisvolle Mythen. Diese können Sie auf dem Lügder Mythenweg erwandern und enträtseln. Er verläuft entlang der mythischen Stätten und kulturhistorisch bedeutsamen Orte rund um die Herlingsburg.

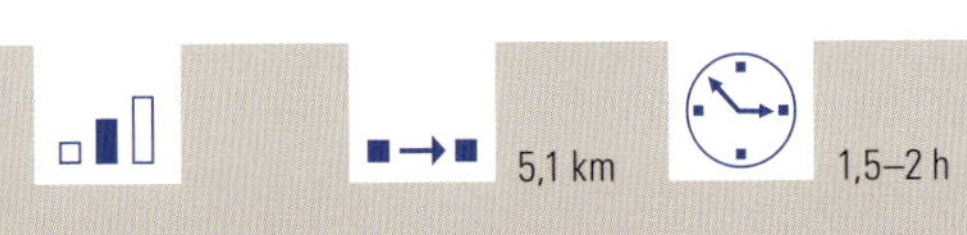

Tourencharakter
Für Kinderwagen und Rollstuhlfahrer nicht geeignet.

Ausgangs-/Endpunkt
Wanderparkplatz Hermannstal, Eschenbrucher Straße, 32676 Lügde, der Weg ist ausgeschildert mit gelben M auf grünem Grund.

Anfahrt
Mit der Bahn bis Lügde Bahnhof oder Anreise mit dem Bus: Linie 732 Lemgo–Blomberg–Bad Pyrmont bis Haltestelle Markt, aus Höxter mit der Linie 595 bis Rischenau Post, von da aus weiter mit der Linie 761 bis Haltestelle Markt. Zum Wanderparkplatz Hermannstal gibt es keine öffentlichen Verkehrsmittel. Das örtliche Taxi-Unternehmen bringt Sie gerne zum Startpunkt (RiDa-Car, Tel.05281/7005).

Einkehr
Hotel-Restaurant »Westfälischer Hof«, Bahnhofstr. 25, 32676 Lügde, Telefon: 05281/98960 und 7234, www.westfaelischerhof-luegde.de, Öffnungszeiten: Mo, Mi bis Fr und So 12–14 und 18–22 Uhr, Di 12–14 Uhr, Sa ab 15 Uhr.

Information
Touristinformation Lügde, Am Markt 1, 32676 Lügde, Telefon: 05281/770870, www.luegde.de

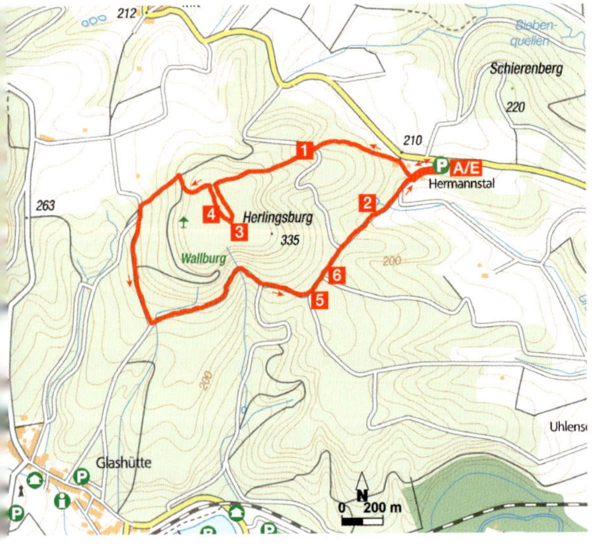

Vom **Wanderparkplatz Hermannstal (A/E)** aus folgen wir zunächst der leicht abschüssigen Teerstraße nach links. Nach etwa 200 Metern erreichen wir den Waldrand. Hier führt ein unauffälliger, leicht ansteigender Grasweg nach rechts in Richtung Wohnhaus. Diesem folgen wir bis zur Wegkreuzung vor der Straße, an der wir links abbiegen. Von hier aus folgen wir dem Hohlweg etwa 450 Meter entlang bis zum Querweg. An dieser Kreuzung wartet der erste **Sagenplatz (1)** auf uns. Der Sage nach sucht hier die weiße Jungfrau in Vollmondnächten nach ihrem Geliebten. Nun

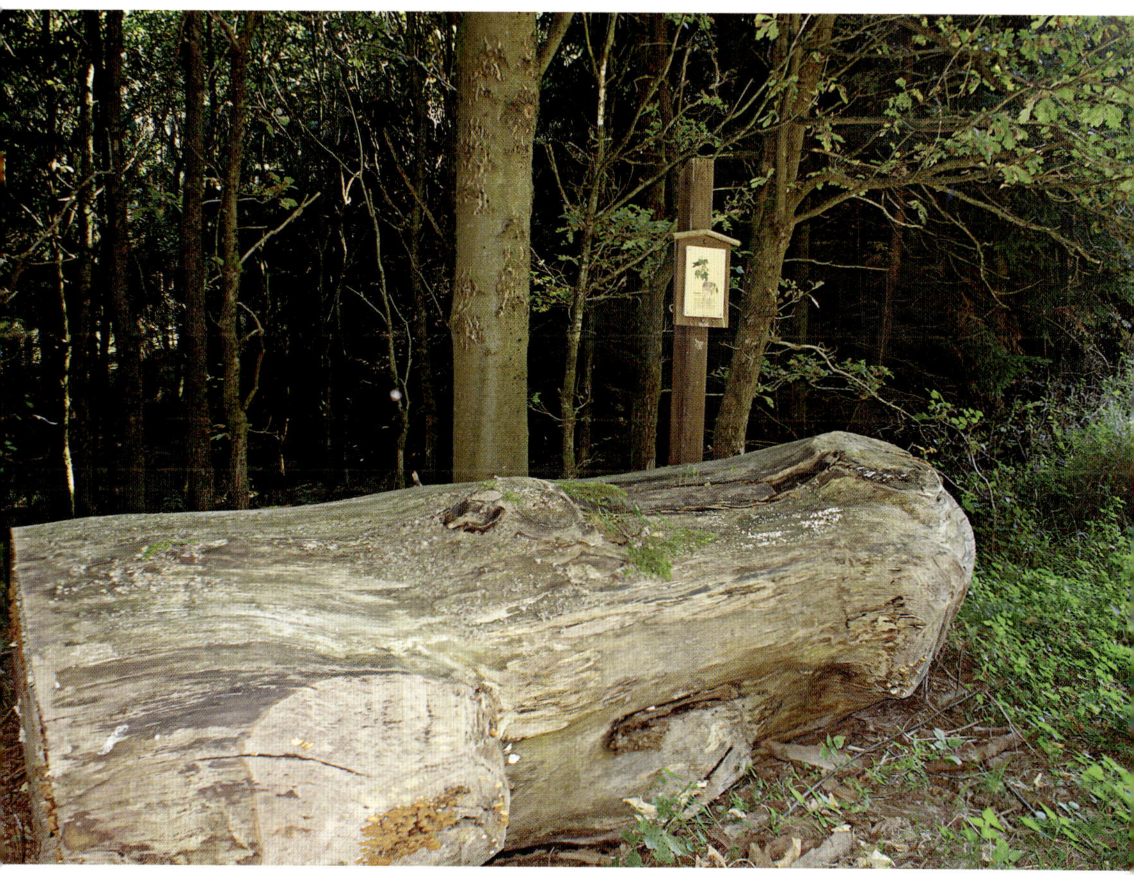

Eine ganz natürliche Sitzgelegenheit.

führt der Mythenweg uns etwa 400 Meter direkt durch ein Waldstück. Bei einer Holzbank gehen wir in den Wald hinein und folgen den Markierungen an den Bäumen hinauf zur **Herlingsburg (3)**. Wir biegen links ab und erreichen das Nordtor der Herlingsburg. Direkt danach geht es wieder links und wir folgen dem Weg entlang des Walls an einer Riesenliege mit toller Aussicht vorbei bis zur Schutzhütte. Hier finden wir den zweiten **Sagenplatz (4)**. Die »Hermann-Sage« berichtet von einem Zwergenvölkchen, das einen sagenhaften Schatz im Berg verborgen hält. Wir verlassen den Wall nach rechts und durchqueren das Innere der Wallanlage bis zum Nordtor. Der Mythenweg führt nun geradeaus den abschüssigen Waldweg hinab. Nach etwa 500 Metern erreichen wir den nächsten Querweg, dem wir 600 Meter nach links folgen. Am Ende dieses Weges wartet eine Informationstafel zum Thema »Wölbäcker« auf uns. An dieser Kreuzung folgen wir dem Waldweg nach links. Nach etwa 650 Metern gabelt sich der Weg. Wir halten uns links und folgen dem Weg weitere 250 Meter bis zur nächsten Gabelung, an der wir ebenfalls nach links weitergehen. Ein kleines Stück später passieren

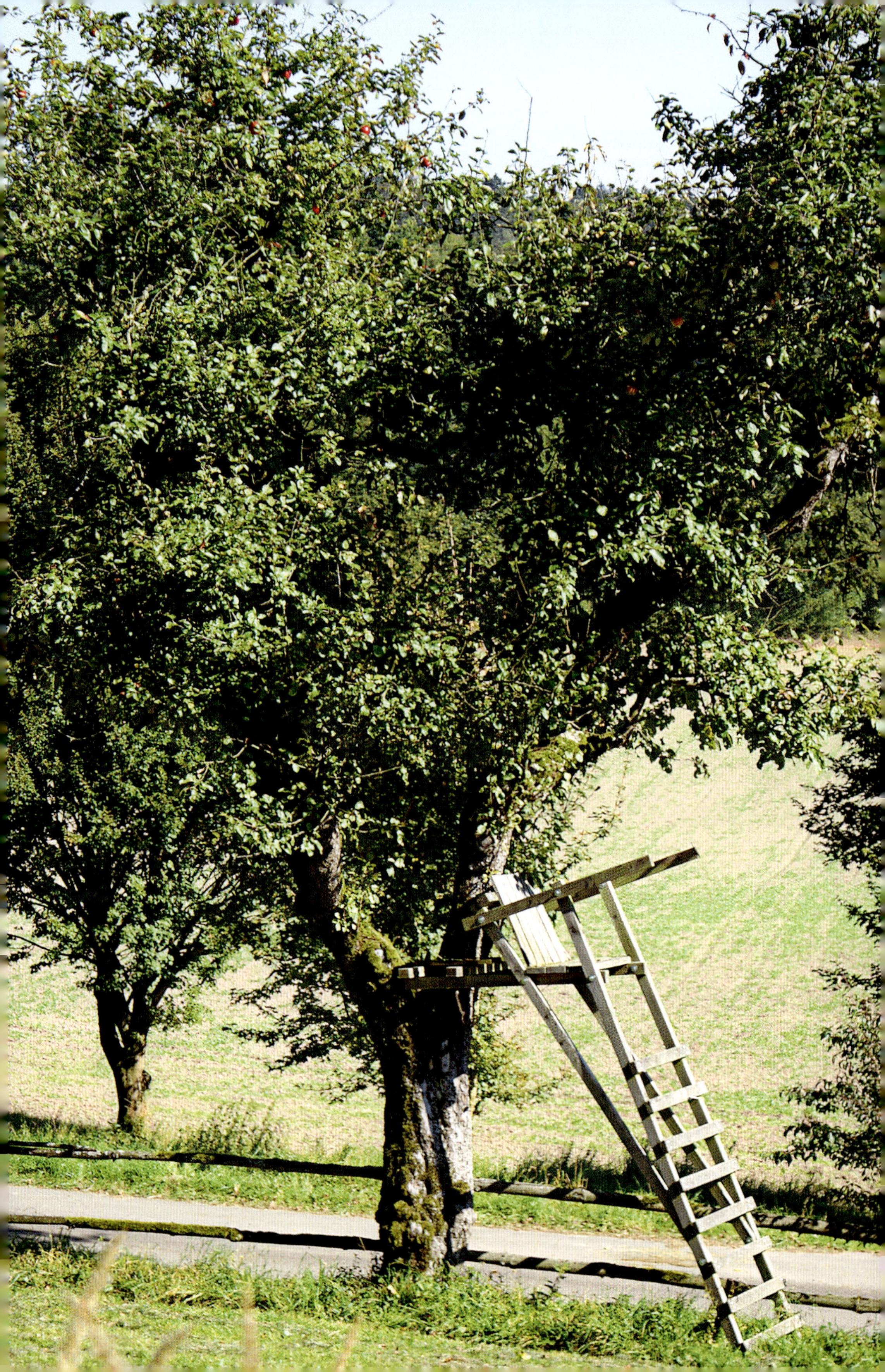

wir eine Kreuzung, an der wir auf den nahegelegenen **»Bomhof« (5)** hingewiesen werden. Wir folgen dem Weg weiter geradeaus. An der nächsten Abzweigung, dem **dritten Sagenplatz (6)**, an dem die Geschichte vom Känzler erzählt wird, der mit den Bauern und Tieren seinen Schabernack trieb, biegen wir nach rechts ab und folgen dem Weg bis zur Teerstraße. Nach etwa 300 Metern erreichen wir den Wanderparkplatz.

Für alte Hunde: Folgen Sie der Wegbeschreibung bis zum Querweg. Anstatt hier nun in den Wald abzubiegen, wenden Sie sich nach links und an der nächsten Weggabelung wieder links. Am **Wasserwerk (2)** vorbei gelangen Sie wieder auf die Teerstraße. Dieser folgen Sie 300 Meter bis zum Parkplatz. Insgesamt ca. 1,8 Kilometer.

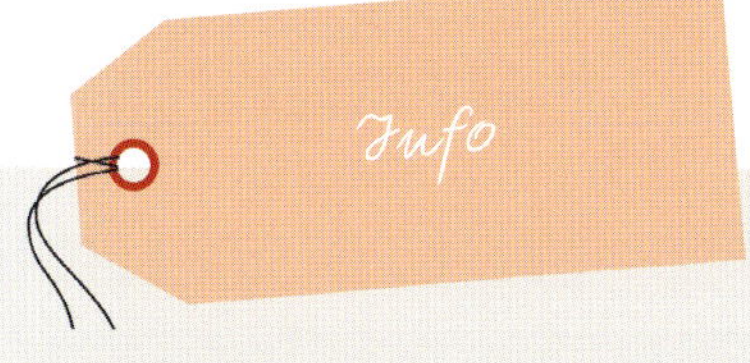

Der Mythenweg verläuft entlang einer sehr alten Verbindungstrasse durch den Wald, die bewusst nicht befestigt wurde. Bei Nässe und Laubfall können die Wege sehr rutschig und unwegsam werden. Bitte achten Sie auf Äste und Windbruch. Die beste Jahreszeit für die Wanderung ist von März bis Oktober.

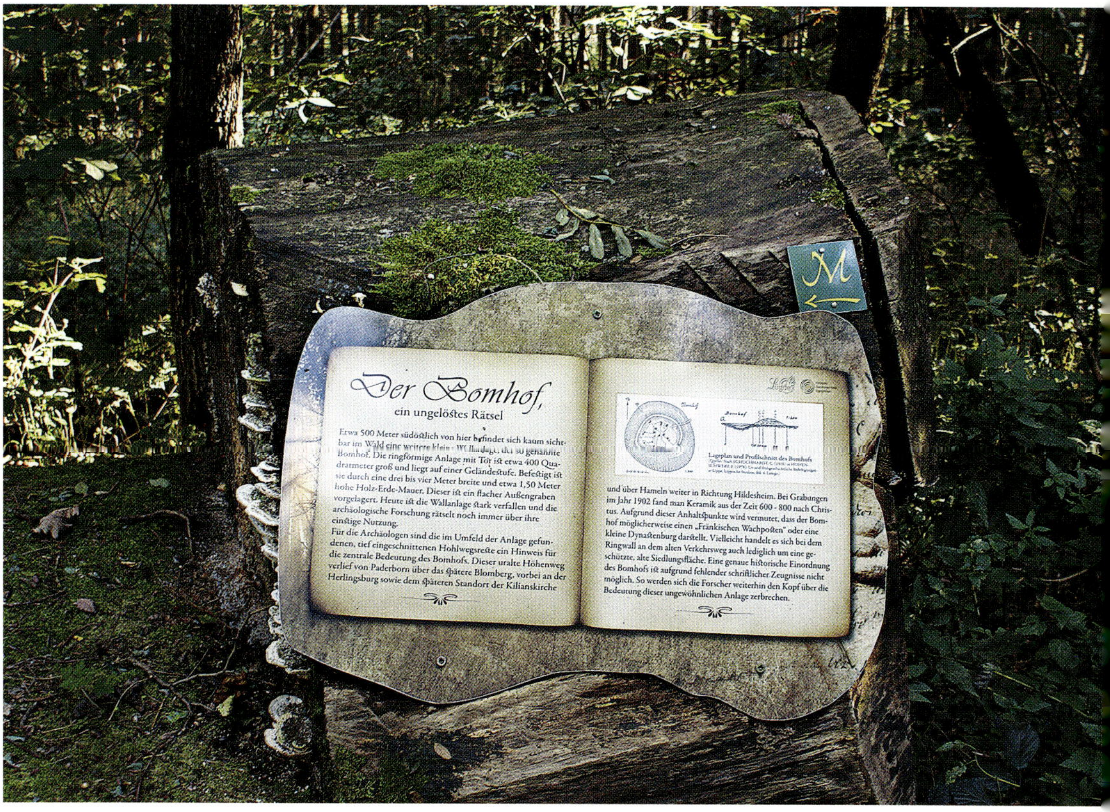

◂ *Ein Hochstitz am Apfelbaum.* *Die vierte Schautafel verweist auf den nahegelegenen »Bomhof«.*

14 Kurparkwanderung in Bad Pyrmont

Die Aktiv-Oase im Weserbergland

Ein Gerücht, dass die Quellen in Bad Pyrmont Wunder bewirken und Krankheiten heilen würden, ließ zehntausende Menschen aus ganz Europa dorthin strömen, um von ihren Leiden geheilt zu werden. Im 17. und 18. Jahrhundert wurde Bad Pyrmont zum Modebad des Adels und der Intellektuellen.

4,4 km

1,5–2 h

Tourencharakter
Für Kinderwagen und Rollstuhlfahrer geeignet.

Ausgangs-/Endpunkt
Parkplatz am Gondelteich (Nähe Europaplatz), Südstraße, 31812 Bad Pyrmont, kostenfrei.

Anfahrt
Mit der Bahn und vom Bahnhof weiter mit den regelmäßig fahrenden Stadtbussen ins Zentrum.

Einkehr
Zahlreiche Lokalitäten im Zentrum von Bad Pyrmont.

Information
Bad Pyrmont Tourismus GmbH, Europaplatz 1, 31812 Bad Pyrmont, Telefon: 05281/940511, www.badpyrmont.de

Wir starten auf dem **Parkplatz vor dem Gondelteich (A/E).** Unser erstes Ziel ist ein **Wasserschloss (1)**, das im

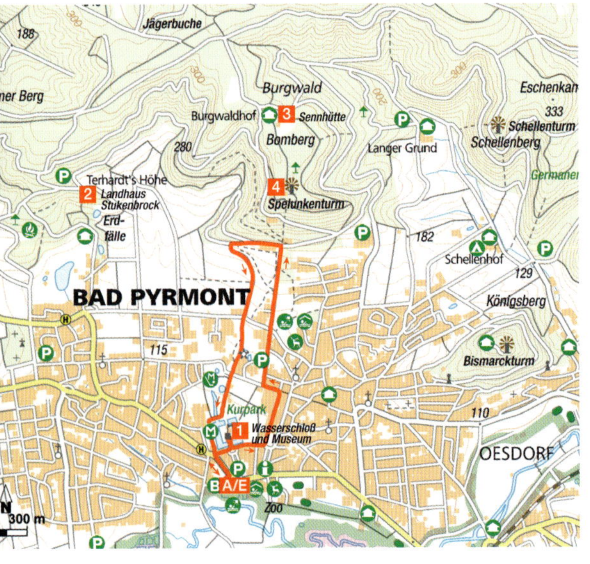

Jahre 1562 vollendet wurde. Erbaut wurde es von Philipp Spiegelberg im Stil der Weserrenaissance, heute beherbergt es ein Museum. Wir queren die Straße und wenden uns nach links. Der Schlossgarten liegt rechts von uns. Wir nehmen die Abzweigung nach rechts (Schlossstraße) und biegen dann links in den Schlosshof ein. Zurück auf der Schlossstraße wenden wir uns nach links. Wir gehen geradeaus, um dann links in die Heiligenangerstraße einzubiegen. Dieser folgen wir bis zur Wandelhalle am Brunnenplatz. Sechs verschieden schmeckende Wunderwasser geben uns neue Kraft den Kurpark zu erforschen. Nach dem Probetrunk biegen wir links in die Straße Am Hylligen Born ein. Wir nehmen die nächste Abzweigung rechts in die beeindruckende

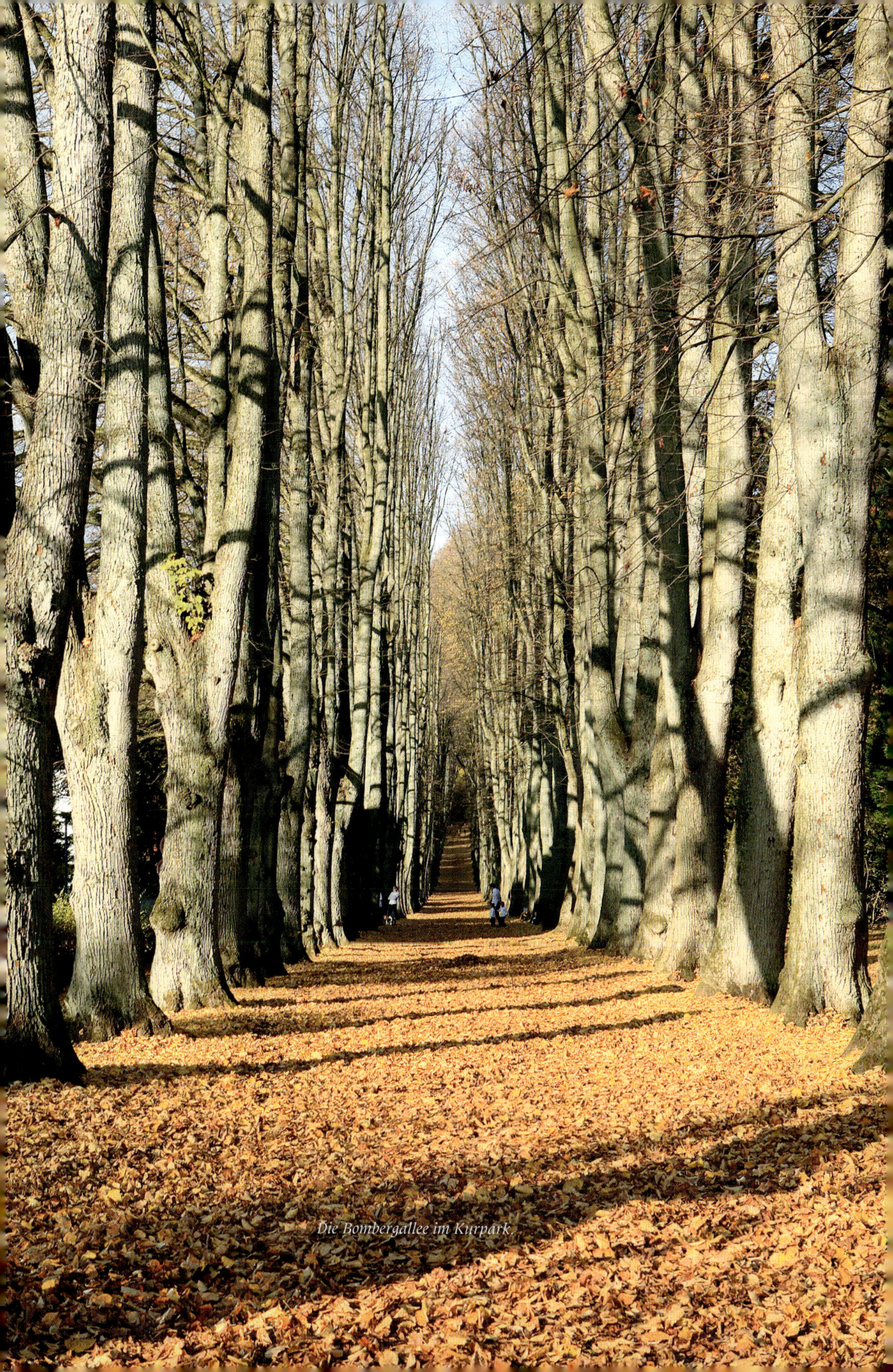

Die Bombergallee im Kurpark

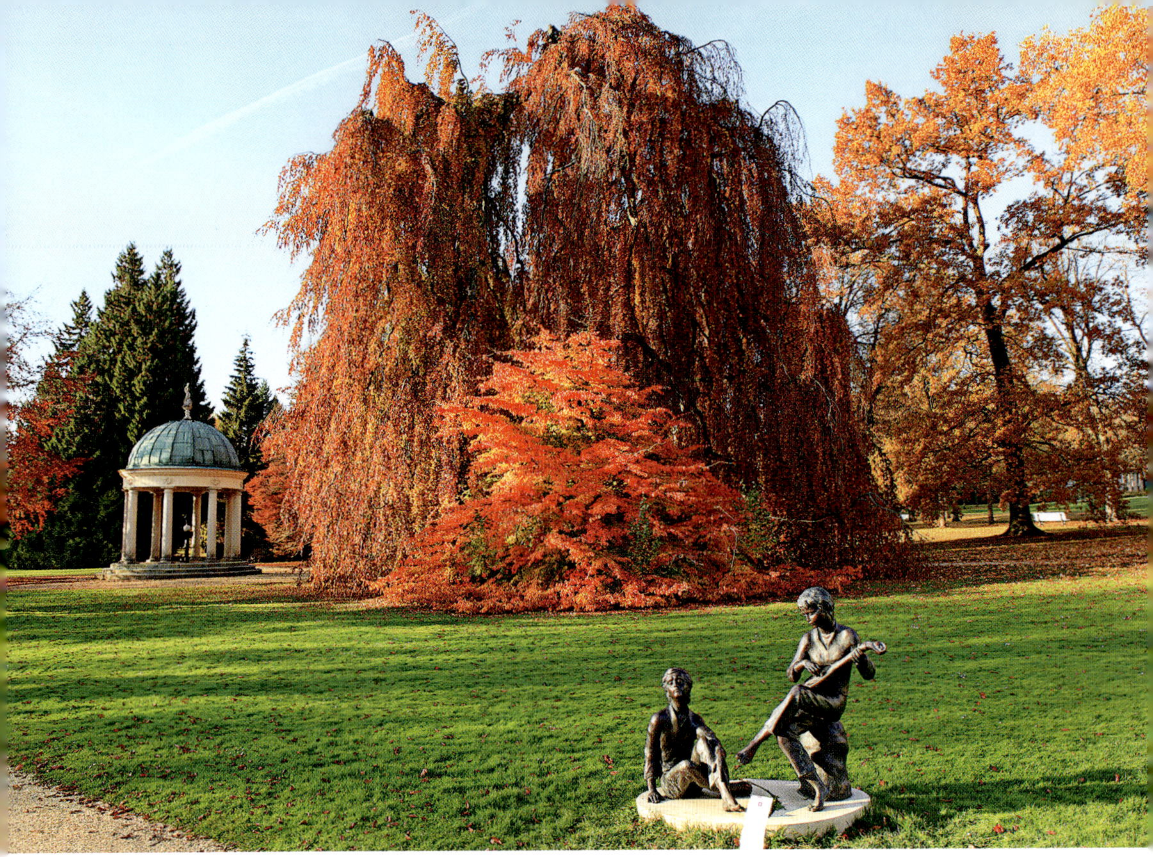

▾ *Blick auf das Wasserschloss.* ▴ *Skulpturen vor dem Erdbeertempel.*

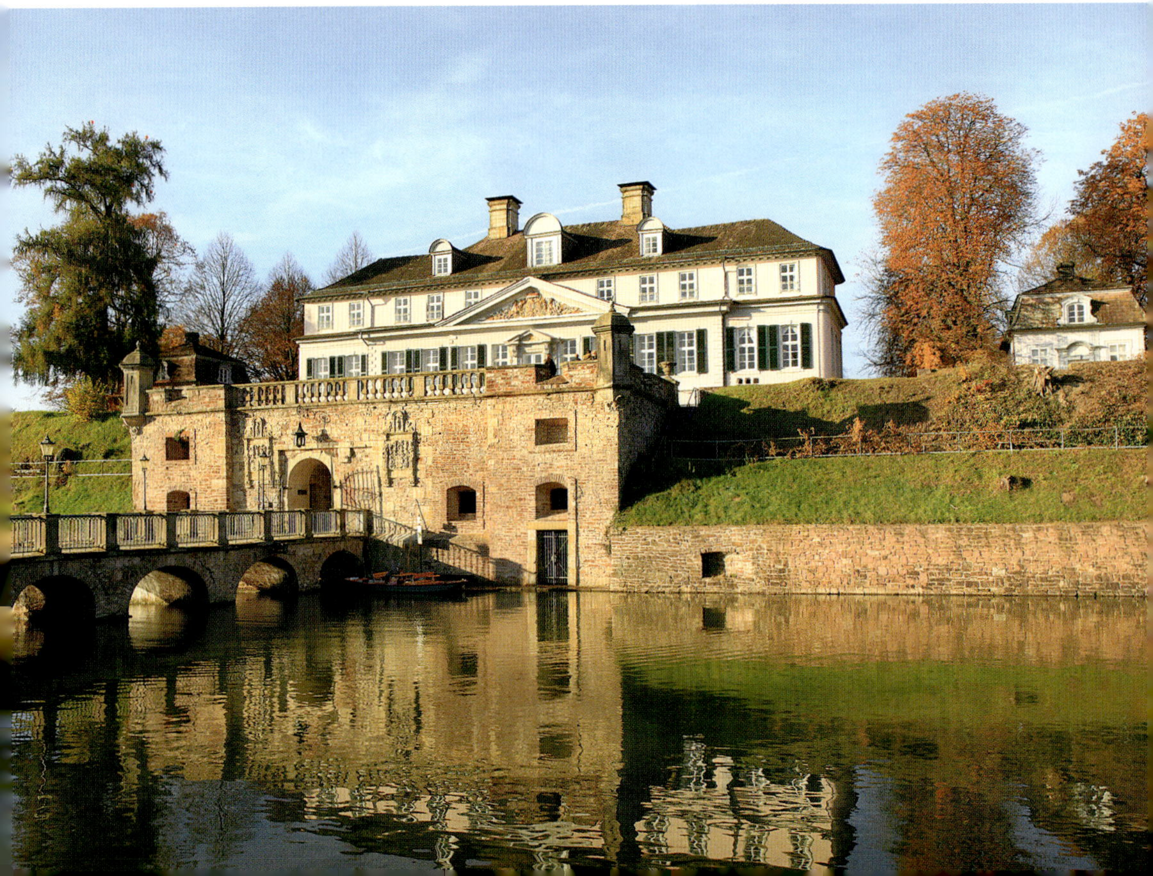

Bombergallee. Dieser folgen wir bergan bis zur Bismarckstraße, queren diese, um dann rechts in die weiterführende Bombergallee abzubiegen. Wir folgen der Allee bergauf bis zum Ende und biegen dann links ein, folgen dem Weg geradeaus, bis wir auf den Grenzweg treffen. Hier biegen wir links ein. Wir gehen geradeaus bis zur Kreuzung mit der Straße Auf der Schanze, queren die Straße, wenden uns nach links und biegen wenige Meter weiter rechts in den Kurpark ein. Wir wandern durch den Kurpark, einen der schönsten Parks in Deutschland, mit einem alten Baumbestand und einer 430 Jahre alten Palme. An der nächsten T-Kreuzung biegen wir rechts ab und folgen dem Weg am Schloss entlang, bis wir auf die Schlossstraße treffen. Wir wenden uns nach rechts, biegen nach wenigen Metern links in die Südstraße ab, kreuzen die Straße und erreichen wieder den Parkplatz am Gondelteich.

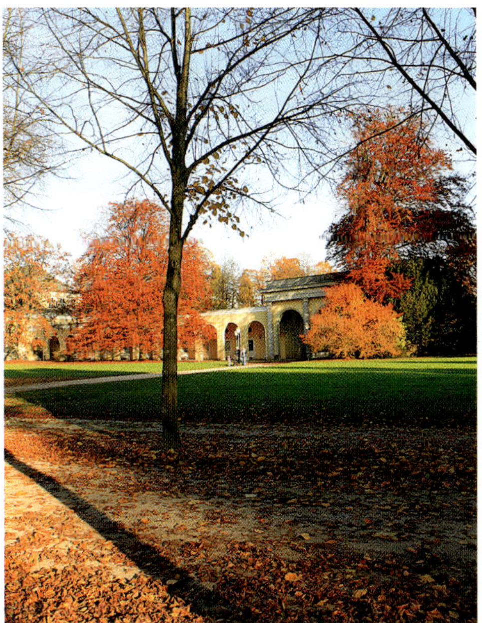

Im Hintergrund sind die Arkaden des Lesesaals zu sehen.

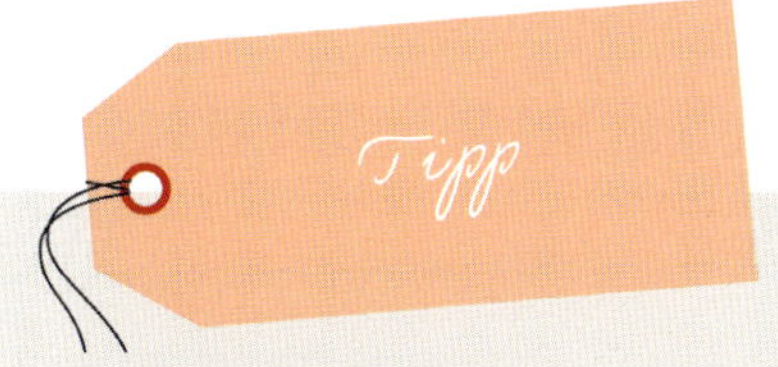

Alternative – Waldwanderung

(Schwierigkeit: mittel, Länge: 9 km, Zeit: 2,5 Stunden)

Wir starten am Parkplatz der stillgelegten **Bombergklinik** und wenden uns nach links. Nach einigen Metern biegen wir rechts in den Philosophenpfad ein. Wir folgen dem Weg stets in Richtung der ausgeschilderten Erdfälle, bis wir links vor uns das Landhaus **Stukenbrock (2)** sehen. Wir queren die Straße und gehen rechts vom Landgasthaus geradeaus zum oberen Erdfall. Wir biegen rechts auf die Straße Am Unteren Meere ein und folgen der Straße am Schießstand vorbei bis zur nächsten Abbiegung rechts. Hier biegen wir ein, bis wir auf den Hauptweg gelangen. Wir wenden uns scharf nach links und folgen dem Hauptweg (Teerstraße) bis zur **Sennhütte (3)**. Von der Sennhütte aus gehen wir nach rechts und anschließend geradeaus bis zum 20 Meter hohen **Spelunkenturm (4)**. Wir gehen weiter geradeaus, bis wir an eine T-Kreuzung kommen. Hier biegen wir links ab. Diesem Weg folgen wir bis zur Kreuzung mit dem Grenzweg. Wir halten uns rechts und erreichen nach wenigen Metern den Parkplatz an der Bombergklinik.

15 Von Bodenwerder bis Polle

Eine der schönsten Wanderstrecken entlang der Weser

Unser Ausgangspunkt Bodenwerder liegt im Weserbergland an der Oberweser zwischen Hameln und Holzminden und ist die Heimat des Lügenbarons von Münchhausen. Polle ist unser Endpunkt und darf sich seit 1995 Aschenputtel-Ort nennen.

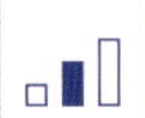

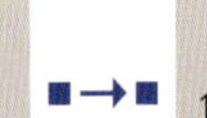 18,4 km

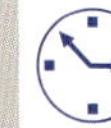

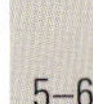 5–6 h

Tourencharakter
Für Kinderwagen und Rollstuhlfahrer nicht geeignet. Die Wege sind zum Teil sehr schmal. Bei dieser Tour ist es sinnvoll ein Smartphone mit Kartensoftware in der Tasche zu haben. Bei dem Teilstück an der L428 ist Vorsicht geboten: Hier sind im Sommer viele Motorradfahrer unterwegs, es gibt jedoch einen breiten Grünstreifen.

Ausgangs-/Endpunkt
Parkplatz Busbahnhof, Im Hagen, 37619 Bodenwerder.

Anfahrt
Mit der Bahn bis Bodenwerder.

Einkehr
»Antik-Café Steinmühle«, Steinmühle 2, 37619 Pegestorf, Telefon: 05533/6161, Öffnungszeiten: Mo bis So 10–18 Uhr;
Hermann Brand Gaststätte, Glessestraße 1, 37647 Brevörde, Telefon: 05535/207, Öffnungszeiten: nicht bekannt.

Information
Touristeninformation Bodenwerder, Münchhausenplatz 1, 37619 Bodenwerder, Telefon: 05533/40541, www.muenchhausenerland.de

Wir starten in Bodenwerder vom **Parkplatz Busbahnhof (A)** aus. Wir queren die Straße Im Hagen und gehen in Richtung Münchhausen-Museum. An der nächsten Wegkreuzung wenden wir uns nach rechts. Wir gehen an der **Touristeninformation (1)**, die auf der linken Seite liegt, vorbei bis zur Kreuzung mit der Brückenstraße. Hier biegen wir rechts ab und gehen geradeaus. Wir nehmen linkseitig der Brückenstraße den Fußweg über die B83 (auf der linken Seite befindet sich die **Allwetter-Sommer-Rodelbahn Schwiete (2)**) und überqueren die Straße Grüne Schleife. Wir gehen am Waldrand entlang, biegen dann links in

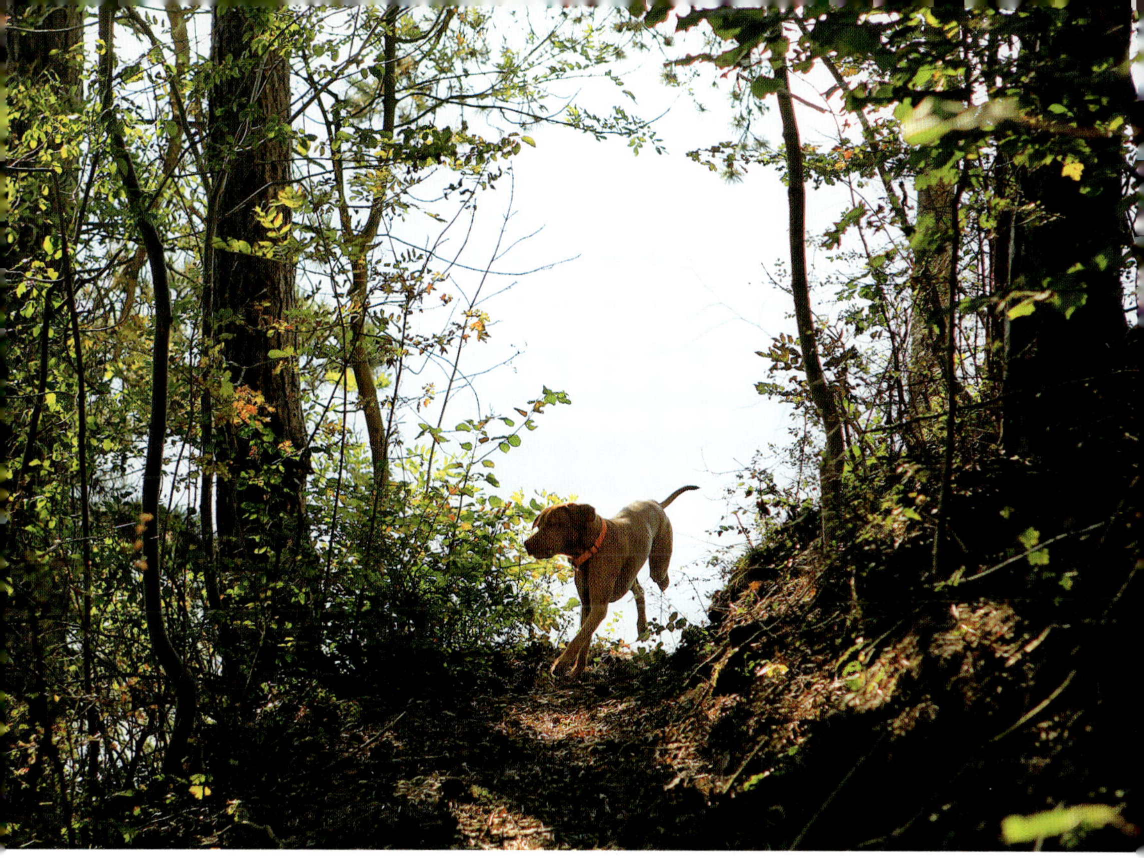

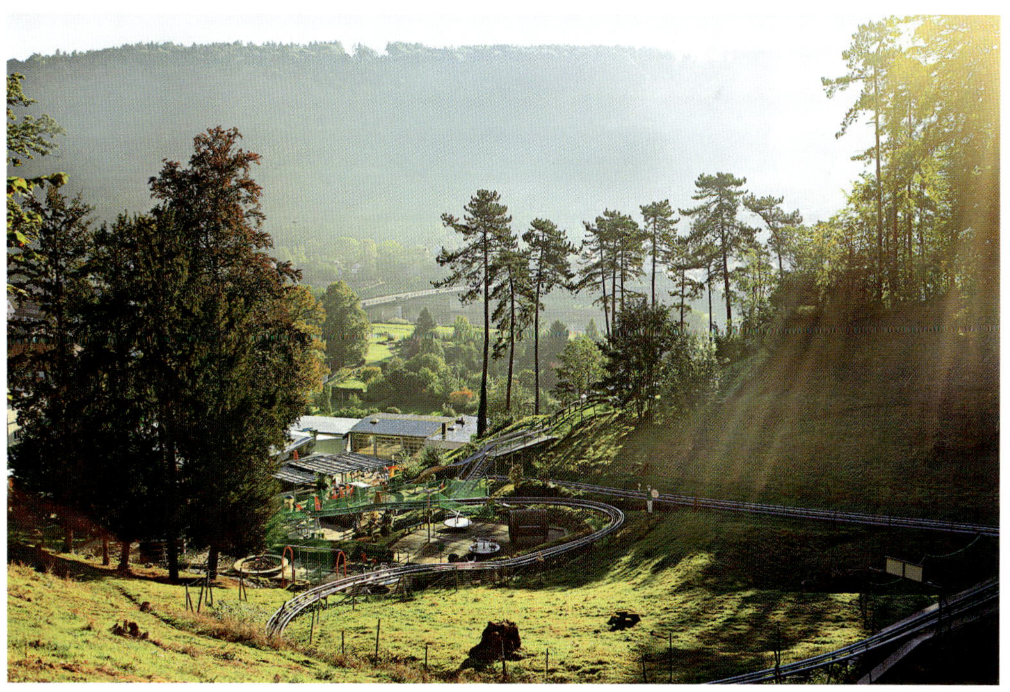

Die Allwetter-Sommer-Rodelbahn in Bodenwerder.

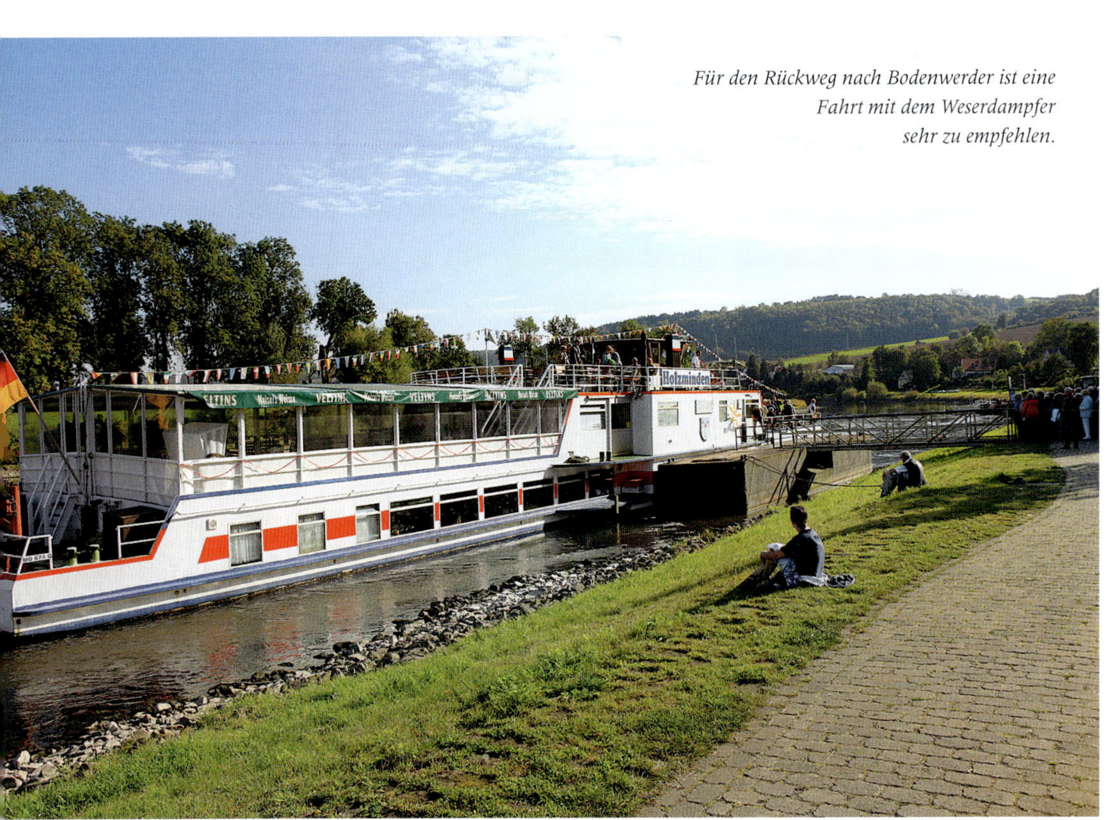

Für den Rückweg nach Bodenwerder ist eine Fahrt mit dem Weserdampfer sehr zu empfehlen.

den Wald ab und folgen dem Weg bis zur Straße Hakenberg. Hier wenden wir uns nach links. Bei der Einbiegung in den Utaweg wenden wir uns erneut nach links in den Waldweg. Diesem Weg folgen wir wieder am Waldrand entlang bis zum Waldende. Wir gehen geradeaus über die Kreuzung. Das **Denkmal Vierlinden (3)** wird auf der rechten Seite sichtbar. Wir folgen dem Weg, bis links ein Pfad in den Wald und zur **Schönen Aussicht (4)** führt. Von dort gehen wir ein Stück des Weges zurück, biegen dann links ab, gelangen wieder auf den Hauptweg und folgen diesem über eine Kreuzung geradeaus bis zur **Aussicht Krähenhütte (5).** Von der Krähenhütte aus halten wir uns links und folgen dem Weg weiter geradeaus bis zu dem kurzen Abstecher zur **Lutterburghütte (6)**. Die Panoramaaussicht über das Wesertal ist hier besonders lohnend. Zurück zum Hauptweg, links abbiegen und dann geht es lange geradeaus bergab bis zur B83. Wir unterqueren die B83 und gehen die dritte Straße rechts (Hauptstraße). Wir folgen dieser bis zum Sportplatz, biegen links ab und folgen dem Weg durch die Weseraue, bis wir wieder die B83 queren, biegen dann rechts ab und laufen am Eichelbach entlang bis zur T-Kreuzung. Hier wenden wir uns nach links und gehen am Waldrand entlang. Wir kommen am **Senator-Meyer-Denkmal (7)**, im Volksmund »Zigarre« genannt, vorbei. An der nächsten Kreuzung geht es rechts weiter. Wir haben nun etwa die Hälfte unseres Weges hinter uns. Eine Einkehr ist hier schon möglich. Wenn wir hier links abbiegen, geht es wieder bergab zur B83. Dort links abbiegen und wir kommen zum **»Antik-Café Steinmühle« (8)**. Nach einer Einkehr geht es den Mühlenberg wieder bis zu der Stelle hinauf, wo wir rechts aus dem Wald gekommen sind (Kreuzung). Hier biegen wir links ein, gehen quer über ein Feld, bis wir wieder auf einen Weg stoßen. Diesem folgen wir bis zur nächsten T-Kreuzung und biegen rechts ab, an der folgenden T-Kreuzung halten wir uns ebenfalls rechts. Wir folgen dem Weg, bis wir auf die L428 treffen. Auf dieser kurvigen Straße gehen wir geradeaus. Wir biegen den zweiten Weg rechts ab, folgen diesem Weg über einen Bach bis zu einer T-Kreuzung. Hier wenden wir uns nach links und gehen die Glessestraße hinunter bis zur Hermann-Brand-Gaststätte auf der rechten Seite. Hier biegen wir rechts ab und nochmals rechts in die Meiborsser Straße. Dieser Straße folgen wir, passieren zwei Abbiegungen rechts und zwei Abbiegungen links, bis in einer Kurve geradeaus ein Waldweg abgeht. Diesem folgen wir bis zu einer T-Kreuzung. Hier halten wir uns links und gehen dann immer geradeaus die Bergstraße hinunter bis nach Polle hinein. Aus der Bergstraße wird die Burgstraße, die am Hotel »Zur Burg« an der **Burgruine Polle (E)** endet. Unterhalb der Burgruine befindet sich der Anleger der Weserschifffahrt, den man über die Fährgasse erreicht.

Nach einer so langen Strecke sind wir hundemüde. Unser Auto steht 18,4 Kilometer entfernt. Wir können nun mit dem Schiff oder dem Bus wieder nach Bodenwerder gelangen.

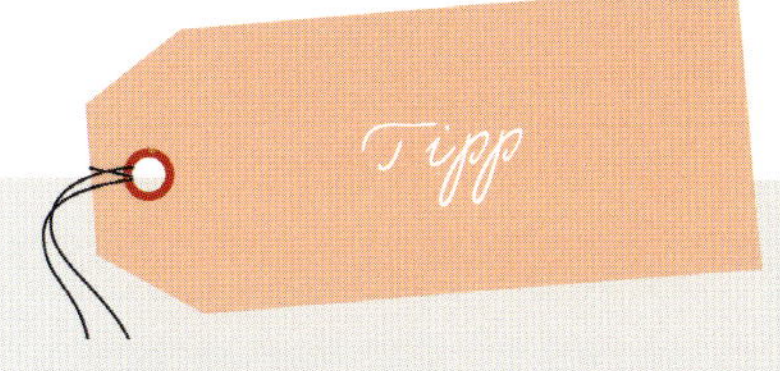

Märchenstunde

Von Mai bis September wird an jedem dritten Sonntag im Monat in der Burg in Polle das Märchen von Aschenputtel und seinen bösen Stiefschwestern aufgeführt. Besucher können das Schauspiel kostenlos miterleben.

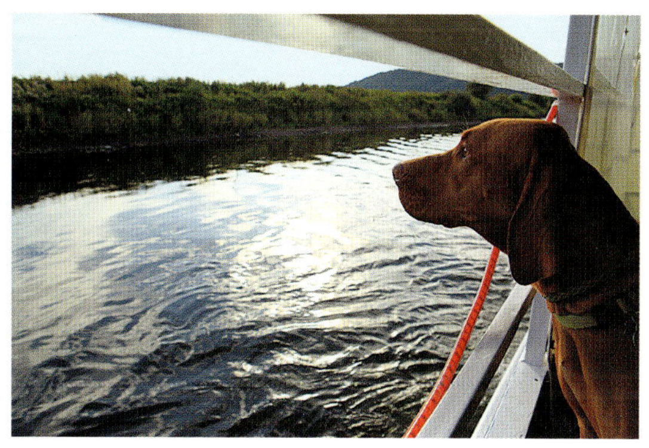

Sehr zu empfehlen ist die Schifffahrt auf dem schönsten Teil der Oberweser durch die Rühler Schweiz und Ottensteiner Hochebene. Dauer: etwa zwei Stunden, Abfahrt: Di/Mi/Sa/So 15 Uhr.

Der Bus 520, Abfahrt unter der Burg in Polle, bringt Sie ebenfalls nach Bodenwerder zurück. Abfahrt: meist zur vollen Stunde, Werkstags von 5–20 Uhr und Sa von 7–20 Uhr stündlich und So 11–19 Uhr alle zwei Stunden.

Alternative: Weserradweg, der allerdings nicht stets an der Weser entlangführt und der auch etliche Höhen zu überwinden hat.

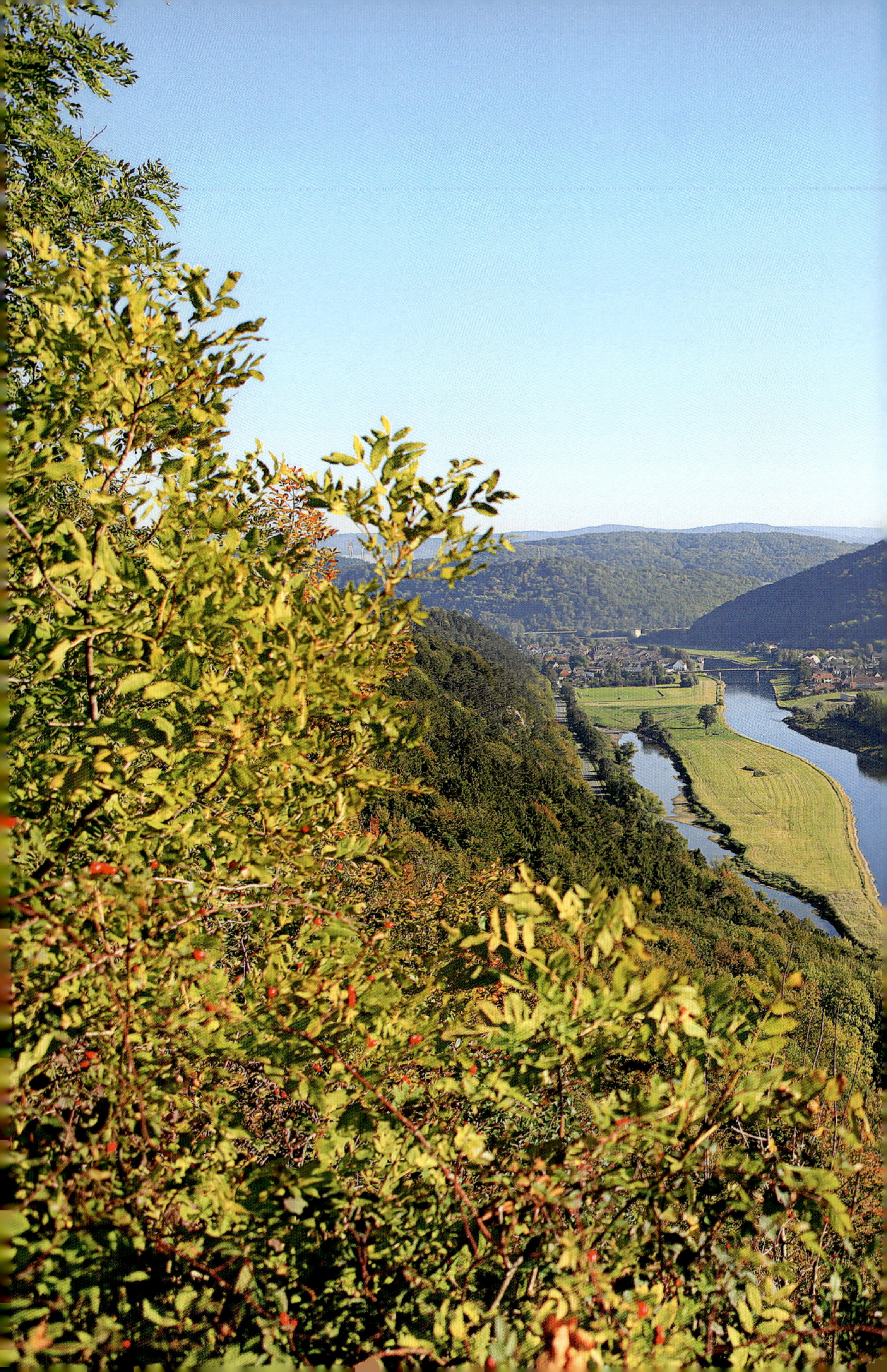

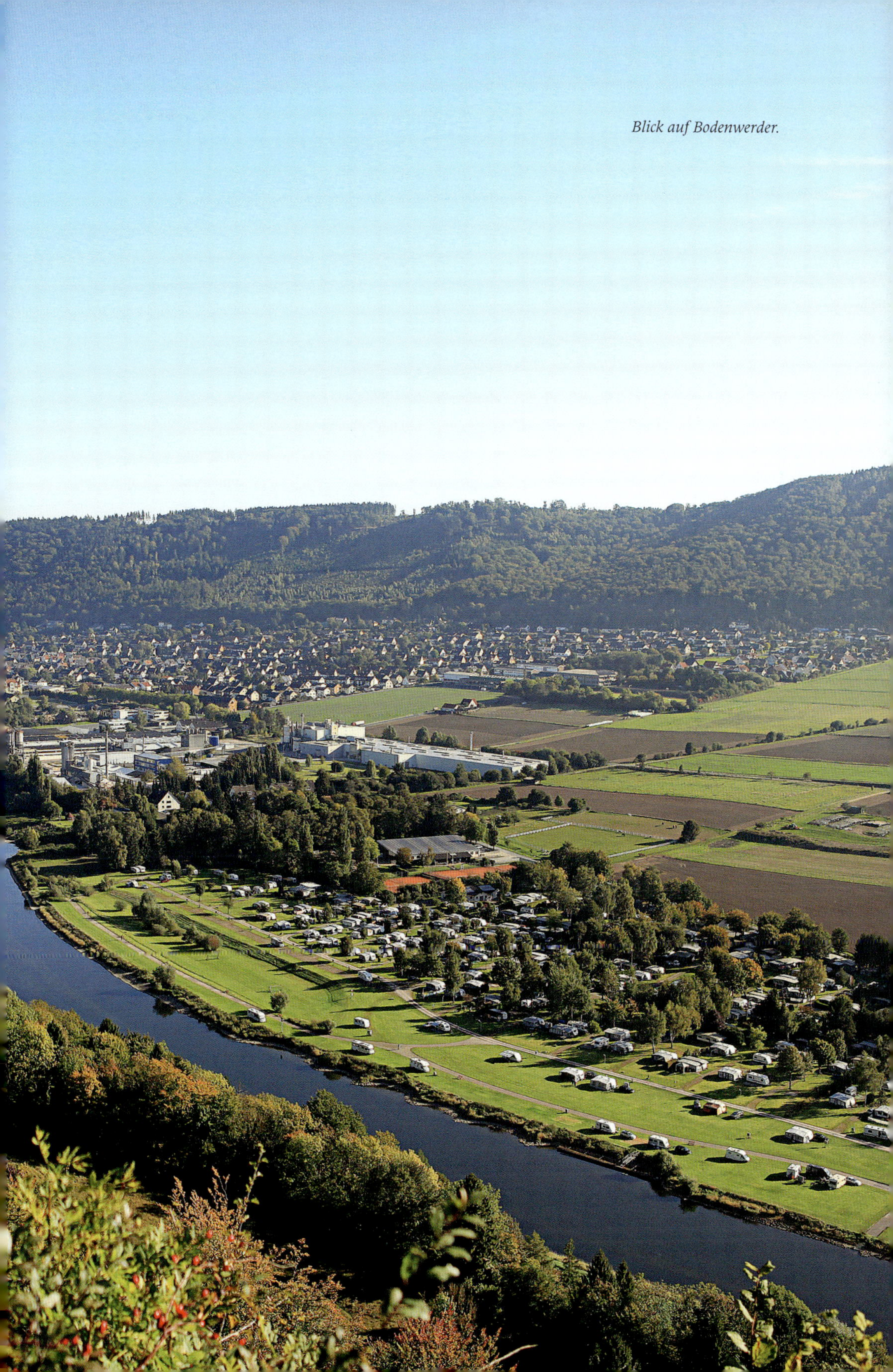

Blick auf Bodenwerder.

16 Klosterrunde Marienmünster

Rund um den anerkannten Wallfahrtsort

Diese Wanderung führt von der Abtei Marienmünster auf dem historischen Wallfahrts- und Prozessionsweg an Kreuzwegstationen vorbei.

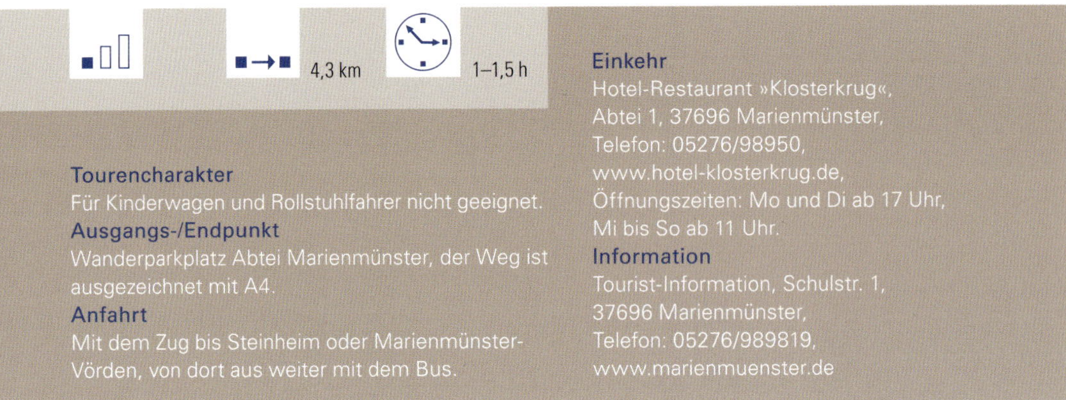

4,3 km

1–1,5 h

Tourencharakter
Für Kinderwagen und Rollstuhlfahrer nicht geeignet.

Ausgangs-/Endpunkt
Wanderparkplatz Abtei Marienmünster, der Weg ist ausgezeichnet mit A4.

Anfahrt
Mit dem Zug bis Steinheim oder Marienmünster-Vörden, von dort aus weiter mit dem Bus.

Einkehr
Hotel-Restaurant »Klosterkrug«, Abtei 1, 37696 Marienmünster, Telefon: 05276/98950, www.hotel-klosterkrug.de, Öffnungszeiten: Mo und Di ab 17 Uhr, Mi bis So ab 11 Uhr.

Information
Tourist-Information, Schulstr. 1, 37696 Marienmünster, Telefon: 05276/989819, www.marienmuenster.de

Das Piuskreuz, errichtet 1869 zur Erinnerung an Papst Pius IX. und das Vatikanische Konzil von 1870, ist ein schlichtes Sandsteinkreuz auf einem hohen Mauersockel. Es steht am Ende des Kreuzweges auf einem herrlichen Aussichtspunkt.

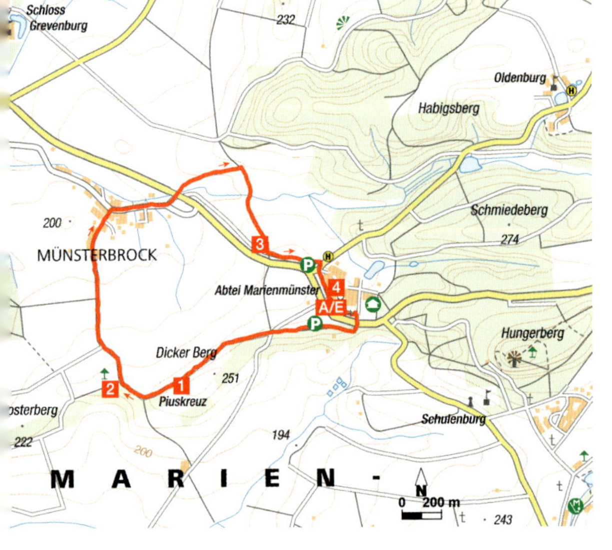

In Münsterbrock gibt es bis heute keine offiziellen Straßenbezeichnungen, jedoch aus der Tradition entlehnte Hinweise auf alte Namen. Diese wurden von den Dorfbewohnern auf Holzschildern aufgebracht und erleichtern so die Orientierung. Sehenswert im Ortskern ist ein markantes Bauernhaus im westfälischen Fachwerkstil.

Vom **Wanderparkplatz Abtei Marienmünster (A/E)** halten wir uns rechts. Wir gehen eine Treppe hinunter und wenden uns nach links. Wir unterqueren die B239 und halten uns an der Kreuzung rechts. Wir folgen dem Weg geradeaus über zwei Kreuzungen bis zum **Piuskreuz (1)**. Wir

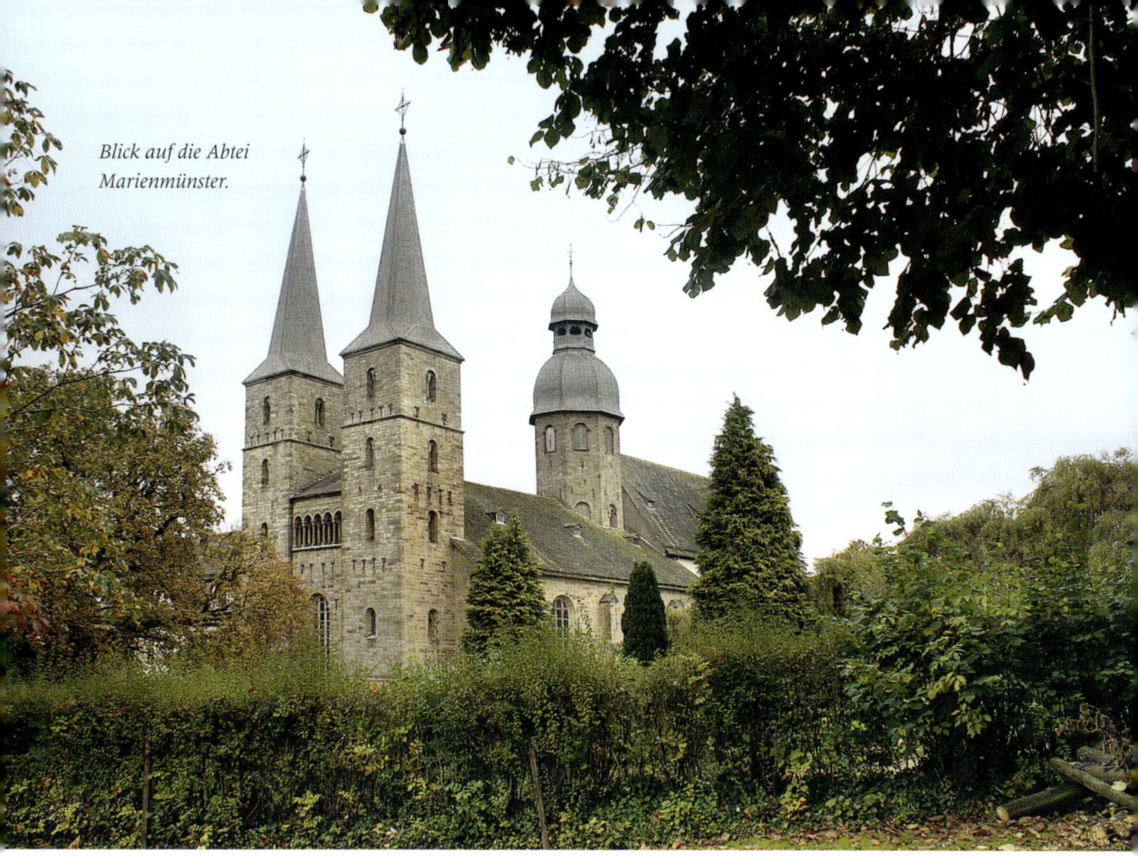

Blick auf die Abtei Marienmünster.

gehen geradeaus weiter. An der nächsten Weggabelung halten wir uns rechts und folgen dem Weg über die Straße Schweinstlappe. Am Waldrand oberhalb von Münsterbrock lädt die **Ohrentalhütte (2)** zur Rast ein. Wir gelangen nach Münsterbrock. An der nächsten T-Kreuzung wenden wir uns nach rechts. Wir gehen geradeaus und biegen an der zweiten Abbiegung linksseitig ein. An der Weggabelung vor der Unterführung der Brücke halten wir uns links. Wir folgen dem Pfad bis zu nächsten T-Kreuzung. Hier halten wir uns rechts und gehen geradeaus, bis wir kurz vor der Bundesstraße die **Hovekapelle (3)** erreichen. An der Bundesstraße wenden wir uns dann nach links, gehen neben der Straße entlang, queren dabei die K65, passieren den **»Klosterkrug« (4)** und erreichen wieder den Parkplatz der Abtei Marienmünster.

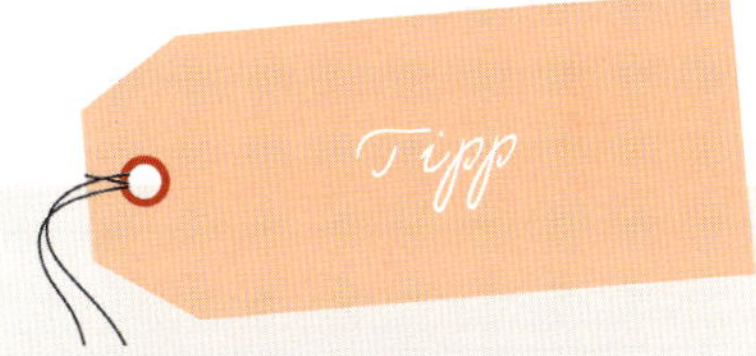

Der perfekte Ort für ein Picknick

Die Hovekapelle ist ein kleiner Bruchsteinbau mit schönem Rastplatz, der zum Entspannen und Erholen nach der Wanderung einlädt. Unter schattigen Bäumen und mit Blick auf die Türme der Abtei kann es sich der erschöpfte Wanderer hier gemütlich machen.

17 Selter-Hils-Wanderung

Durch die Höhenzüge des niedersächsischen Berglands

Selter und Hils sind Mittelgebirgszüge des Niedersächsischen Berglands in den Landkreisen Hildesheim, Holzminden und Northeim. Zu den Erhebungen des Selters gehören die Hohe Egge, Kohlberg, Thödingsberg, Nollen, Spielberg, Hasenberg und Ziegenrücken.

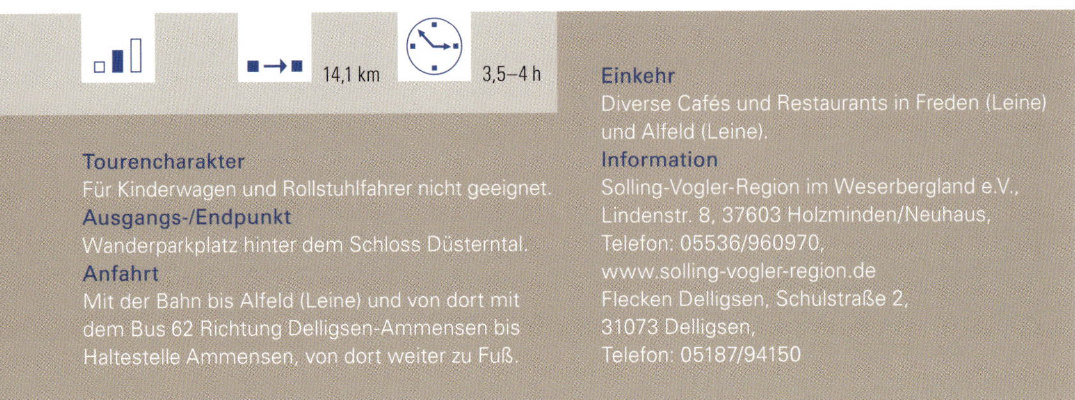
14,1 km

3,5–4 h

Tourencharakter
Für Kinderwagen und Rollstuhlfahrer nicht geeignet.

Ausgangs-/Endpunkt
Wanderparkplatz hinter dem Schloss Düsterntal.

Anfahrt
Mit der Bahn bis Alfeld (Leine) und von dort mit dem Bus 62 Richtung Delligsen-Ammensen bis Haltestelle Ammensen, von dort weiter zu Fuß.

Einkehr
Diverse Cafés und Restaurants in Freden (Leine) und Alfeld (Leine).

Information
Solling-Vogler-Region im Weserbergland e.V., Lindenstr. 8, 37603 Holzminden/Neuhaus, Telefon: 05536/960970, www.solling-vogler-region.de
Flecken Delligsen, Schulstraße 2, 31073 Delligsen, Telefon: 05187/94150

Vom **Wanderparkplatz (A/E)** aus gehen wir geradeaus einen langen Aufstieg in den Hils. Nach einer rechts-links Serpentine halten wir uns immer links, bis wir nach einiger Zeit die **Köhlerhütte (1)**, eine Schutzhütte, erreichen. Von hier aus geht es geradeaus in den unbewirtschafteten Wald weiter. Wir folgen dem Weg und passieren eine Blitzanlage. Keine Angst, nicht Ihre Geschwindigkeit wird hier gemessen, sondern Luchse werden fotografiert, die den Weg ebenfalls nutzen. Wir bleiben auf dem Hauptweg, bis es rechts abgeht. Nun passieren wir verschiedene aus den noch stehenden Holzstämmen geschnitzte Tiere und Skulpturen beim Hilsbruch und kommen zum **Barbarakreuz (2)**, bei dem wir uns links halten. Es geht weiter lange geradeaus, bei der zweiten Möglichkeit biegen wir scharf links ab.

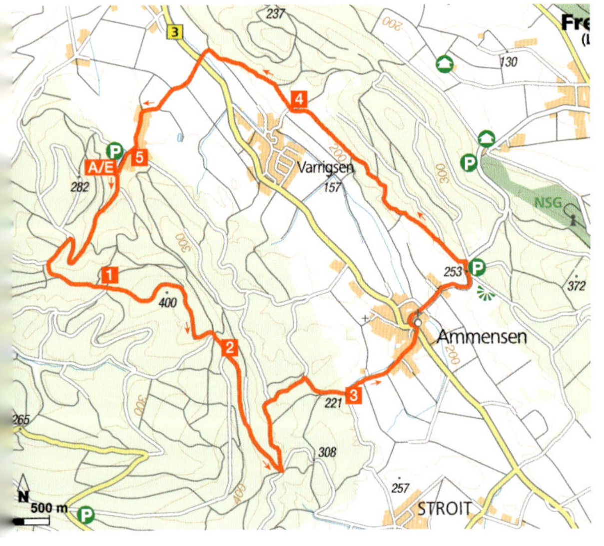

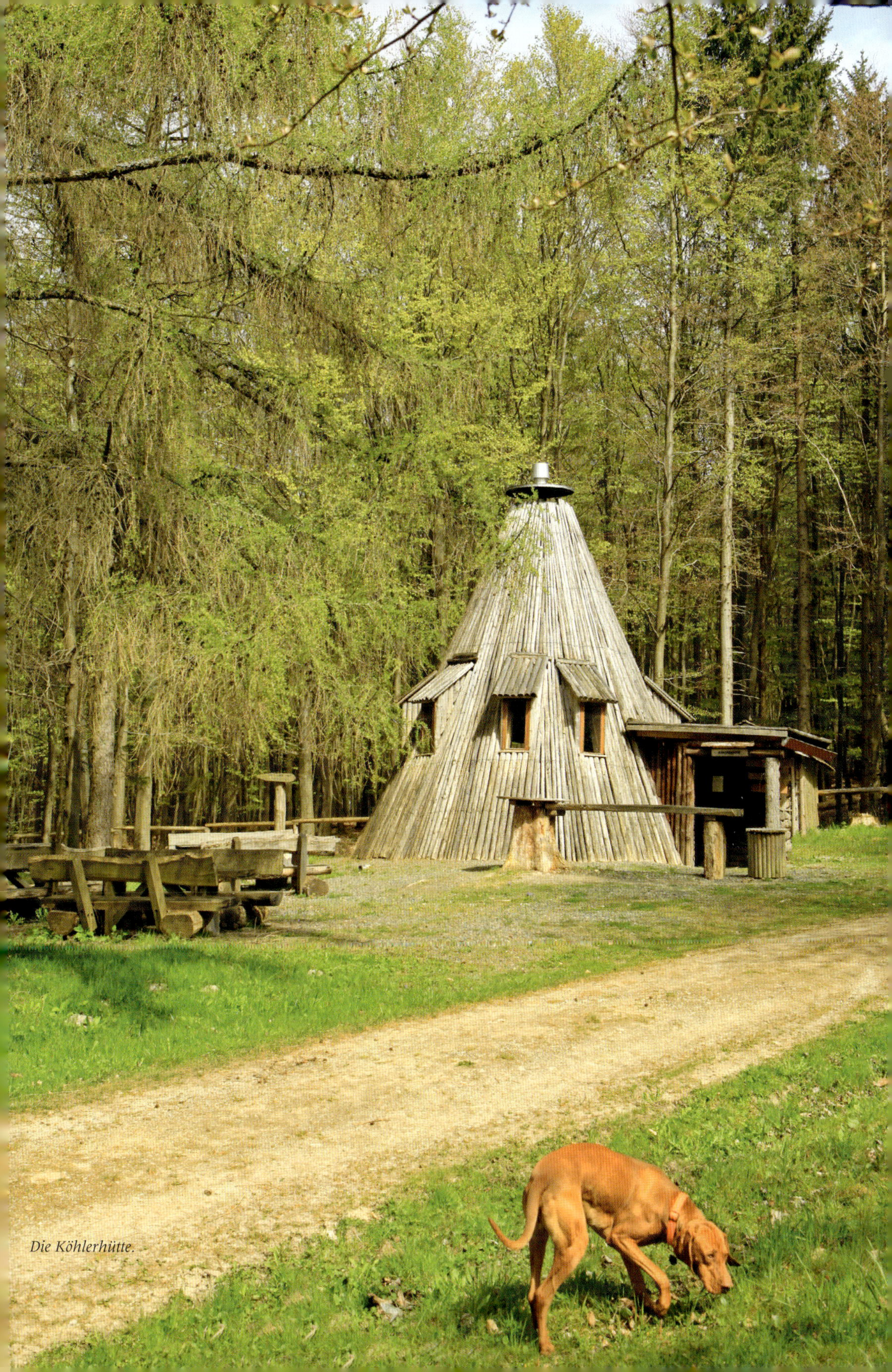

Die Köhlerhütte.

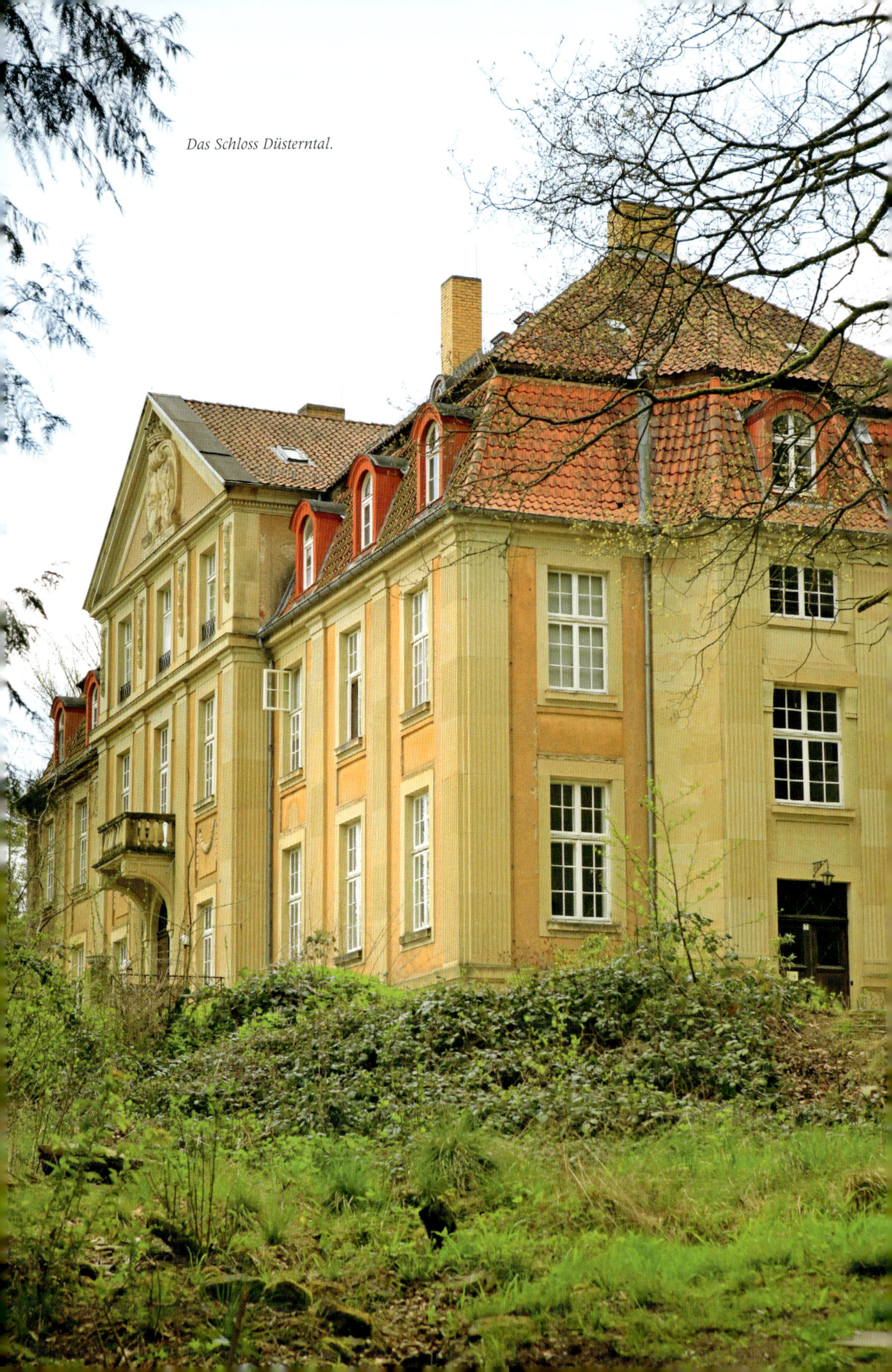

Das Schloss Düsterntal.

Den nächsten Weg biegen wir rechts ab. Weiter geht es geradeaus bis zur nächsten Kreuzung, wo wir uns rechts halten. Sobald wir den Wald verlassen, passieren wir das **Schützenhaus Ammensen (3)** und folgen nun dem Rheinbach entlang über die Straße Am Breiten bis zur B3. Wir biegen links ab und gehen bis zur Kreuzung mit der Straße Zur Insel. Nun überqueren wir die Bundesstraße und gehen geradeaus auf der Brinkstraße und über die K63 den Selter hinauf.

Vor dem ersten Wald wenden wir uns links auf den Wirtschaftsweg. Wir folgen dem Weg bis zur Weggabelung. Hier halten wir uns links. Weiter geht es geradeaus. Oberhalb des Dorfes Varrigsen überqueren wir die **Straße zum Steinbruch (4)** und gehen geradeaus ein Stück weiter in den Wald hinein. An den nächsten zwei Weggabelungen halten wir uns jeweils links. Noch ein kurzes Stück geradeaus, dann verlassen wir den Selter, indem wir nun links einbiegen und den Rheinbach sowie die B3 überqueren. Über eine schöne Pappelallee gelangen wir zum **Schloss Düsterntal (5)**. Nun geht es, an Fischteichen vorbei, geradeaus zurück zum Ausgangspunkt der Tour.

Tipp

Selter und Hils gehören zu den sieben Bergen, die den Leinefluß einrahmen. Die sehenswerte und abwechslungsreiche Landschaft macht das Leinebergland zu einem beliebten Erholungsgebiet für Touristen und Wanderer. Es erwarten Sie nicht nur reizvolle Wander- und Radwege, auch Mountainbiker und Kanufahrer kommen auf ihre Kosten.

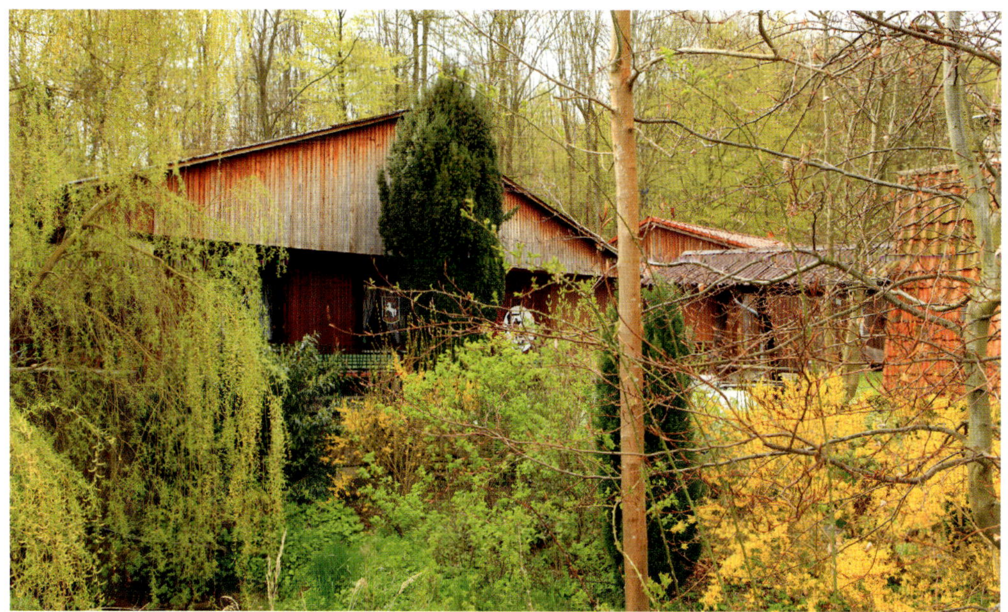

Das Schützenhaus Ammensen.

18 Familienfreundliche Wanderung

Rund um die Eschershäuser Feldmark

Eschershausen ist eine Kleinstadt im Norden des Landkreises Holzminden in Niedersachsen. Nach dem hier geborenen Schriftsteller Wilhelm Raabe wird sie auch Raabestadt genannt.

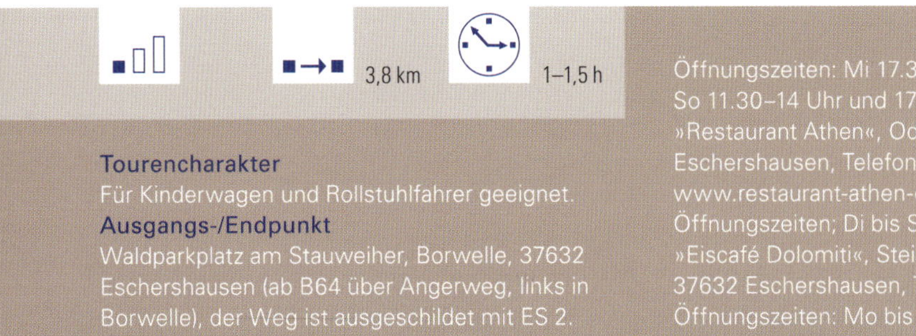

Tourencharakter
Für Kinderwagen und Rollstuhlfahrer geeignet.
Ausgangs-/Endpunkt
Waldparkplatz am Stauweiher, Borwelle, 37632 Eschershausen (ab B64 über Angerweg, links in Borwelle), der Weg ist ausgeschildet mit ES 2.
Anfahrt
Mit dem Zug bis Stadtoldendorf, weiter mit der Buslinie 530 bis zur Haltestelle Eschershausen-Angerweg. Dem Angerweg zu Fuß folgen – etwa 1,5 Kilometer bis zum Stauweiher.
Einkehr
»Café Ithblick«, Nelkenstr. 12, 37632 Eschershausen, Telefon: 05534/4119, www.ith-blick.de, Öffnungszeiten: Mi 17.30–22 Uhr, Fr 19–23 Uhr, So 11.30–14 Uhr und 17.30–22 Uhr;
»Restaurant Athen«, Odfeldstr. 1, 37632 Eschershausen, Telefon: 05534/2848, www.restaurant-athen-eschershausen.de, Öffnungszeiten; Di bis Sa 18–23 Uhr;
»Eiscafé Dolomiti«, Steinweg 1, 37632 Eschershausen, Telefon 05534/300875, Öffnungszeiten: Mo bis So 10–22 Uhr.
Information
Solling-Vogler-Region im Weserbergland e.V., Lindenstr. 8, 37603 Holzminden/Neuhaus, Telefon: 05536/960970, www.solling-vogler-region.de
Gemeindeverwaltung, Raabestraße 10, 37632 Eschershausen, Telefon: 05534/99010

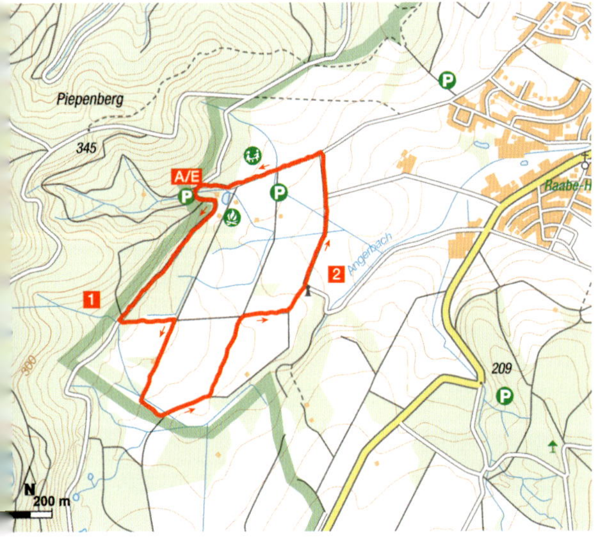

Wir starten vom **Waldparkplatz Stauweiher (A/E)**, gehen auf der Forststraße in den Wald hinein und beginnen unsere Wanderung nach 200 Metern an einer Wegekreuzung. Hier halten wir uns links und wandern auf einem alten, stetig steigenden Waldlehrpfad leicht versetzt vom Waldrand in Richtung **Tollburg (1)**. Links schauen wir hinunter auf einen Spielplatz, der unterhalb des Stauweihers errichtet wurde, oberhalb des Teiches wurde ein Grillplatz mit Liegewiese angelegt. Ca. 300 Meter höher wandern wir an einem links am Hang liegenden, ausgedehnten

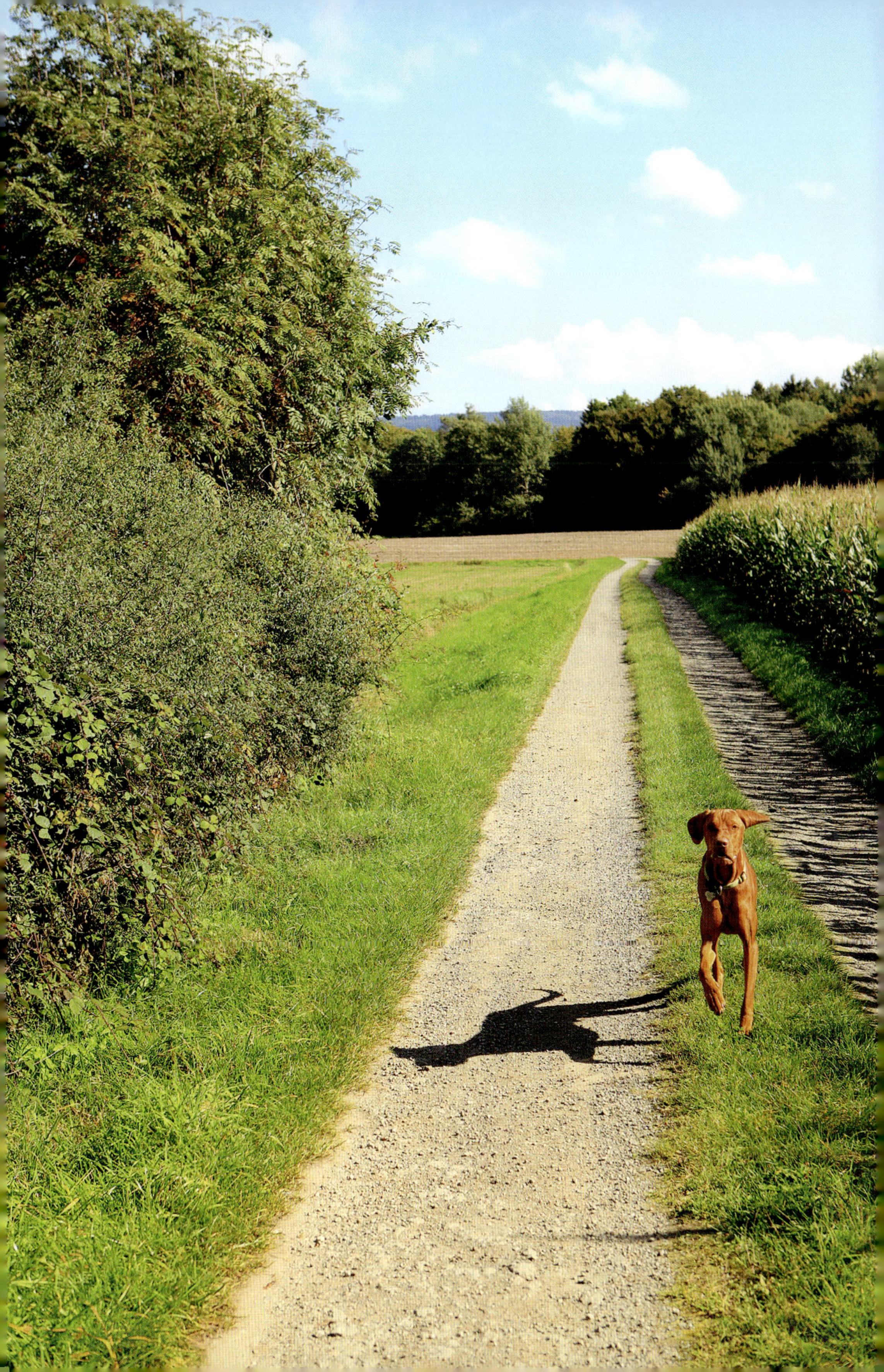

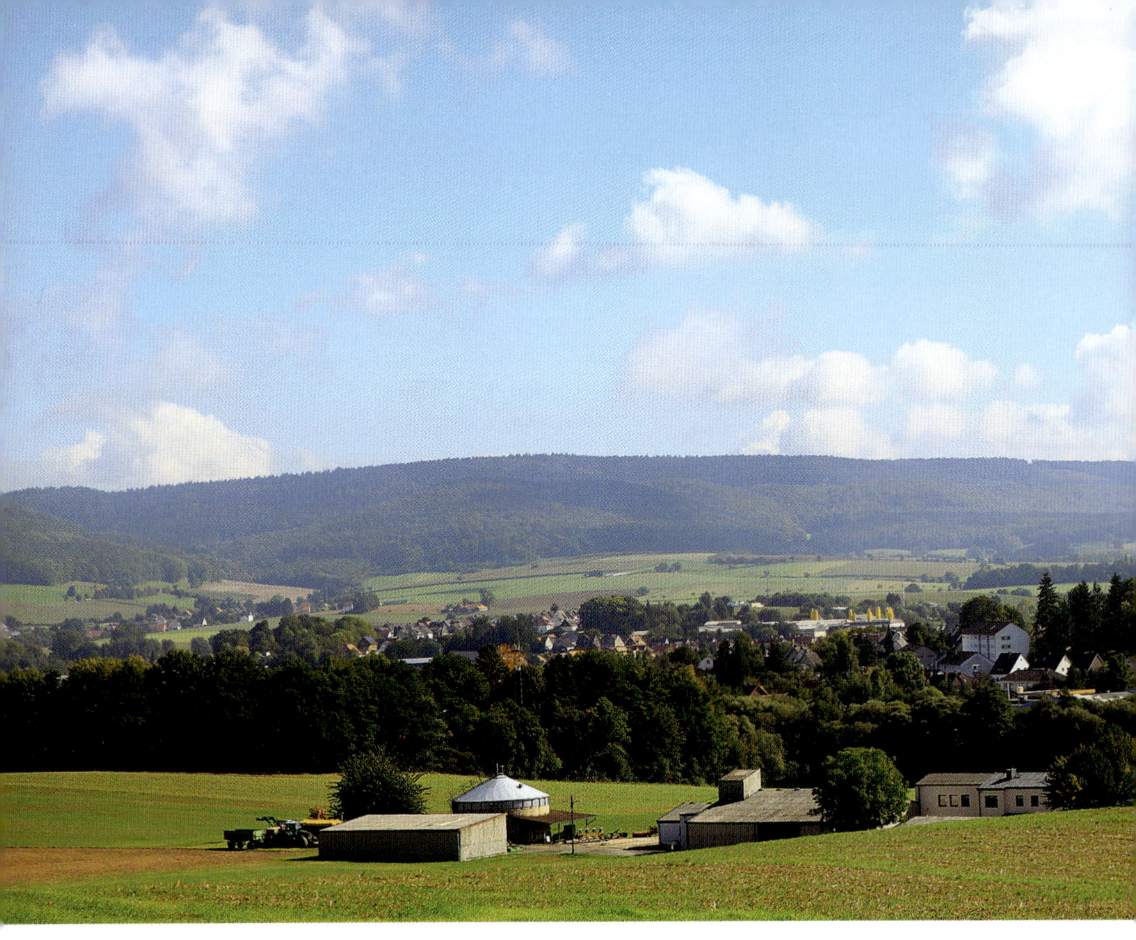

Erlenbruchwald vorbei, der immer wieder von Waldwiesen unterbrochen wird. Weiter geht es, immer noch leicht steigend, auf der gut befestigten Forststraße. Nach ca. 800 Metern stoßen wir auf eine Wegkreuzung, die am Angerbach liegt; kurz vorher haben wir eine kleine Kreuzung passiert. An dieser Stelle, unterhalb der Tollburg, haben wir mit 247 Metern den höchsten Punkt unserer Wanderung erreicht. Hier biegen wir links ab in Richtung Feldmark. Wir folgen dem Schild »Waldlehrpfad« und wandern am Waldrand bis zur Waldspitze. Ungehindert geht der Blick weit über das Angerbachtal. Vor uns führt eine Hochspannungsleitung vorbei, die vom Umspannwerk in Eschershausen kommt. Folgt man der Leitung halblinks, ist in der Ferne Eschershausen zu erkennen. An der Waldecke biegen wir rechts ab und wandern schnurgerade durch die Feldmark auf die Hochspannungsleitung zu. Wir unterqueren diese rechts, bleiben für wenige Meter auf dem Wirtschaftsweg, jetzt begleitet vom Angerbach, und gehen dann halblinks auf eine Waldspitze zu. Hier folgen wir links dem Feldweg, unterqueren erneut die Stromleitung und biegen nach 120 Metern rechts ab. Wieder wird die Hochspannungsleitung passiert. 170 Meter weiter stoßen wir auf eine Teerstraße, der wir halblinks folgen. Bald haben wir den Gedenkstein unter der **Fritz-Lenke-Eiche (2)** erreicht. Fritz Lenke

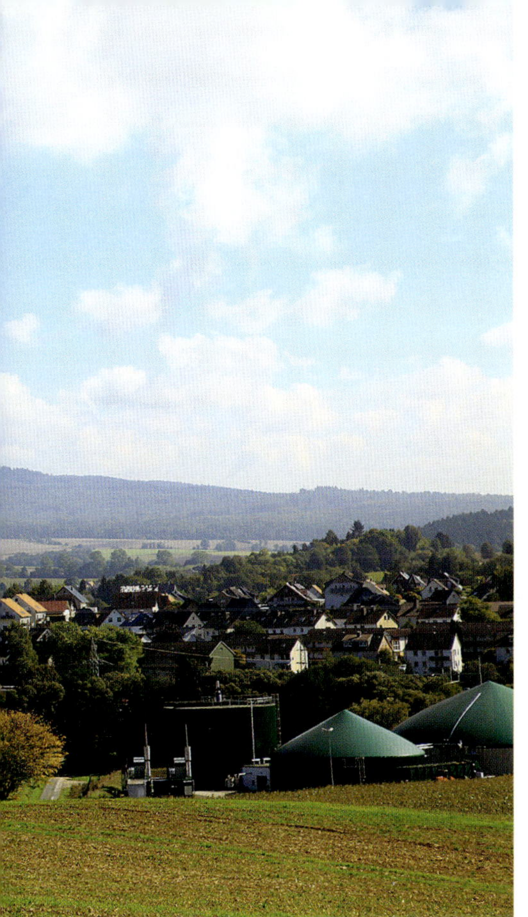

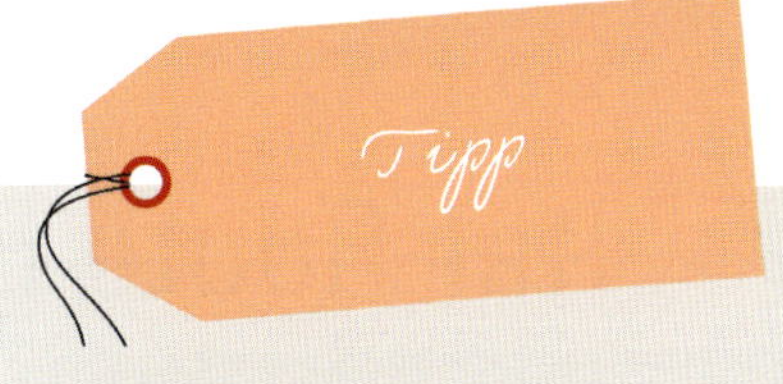

Weitere Ausflugsziele in der Umgebung, die ebenfalls einen Besuch wert sind und sich gut mit der Wanderung verbinden lassen: Kloster Amelungsborn, Mineralwasserfreibad Eschershausen, Flugplatz Ithwiesen.

war von 1949 bis 1982 Stadtdirektor von Eschershausen. Gestiftet wurde der Stein 1983 von der Feldmarkinteressengemeinschaft Eschershausen. Wir gehen den Asphaltweg hinunter und unterqueren an einem kleinen Gebüsch zum letzten Mal die Kilovolt-Leitung. Weiter geht es auf der Teerstraße leicht bergan. Unser Weg stößt auf einen asphaltierten Querweg, dem wir links bis zum Waldparkplatz Stauweiher folgen.

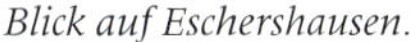
Blick auf Eschershausen.

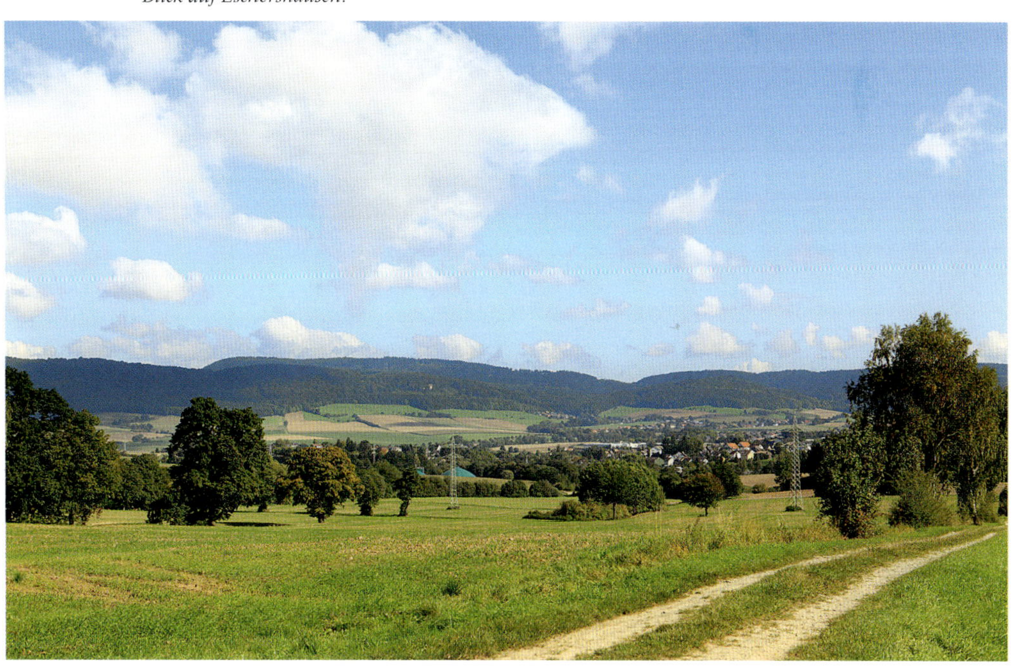

19 Ital-Route Eschershausen

Rundwanderung durch das Ital mit seinen Quellen und Bächen zur Jägerquelle

Der Rundwanderweg führt bis zum Forsthaus Donnershagen durch das Ital bei Eschershausen und über den Steinberg. Teiche, Quellen und kleine Bäche säumen den Weg durch die grünen Wiesen des Itals und des Steinbergs.

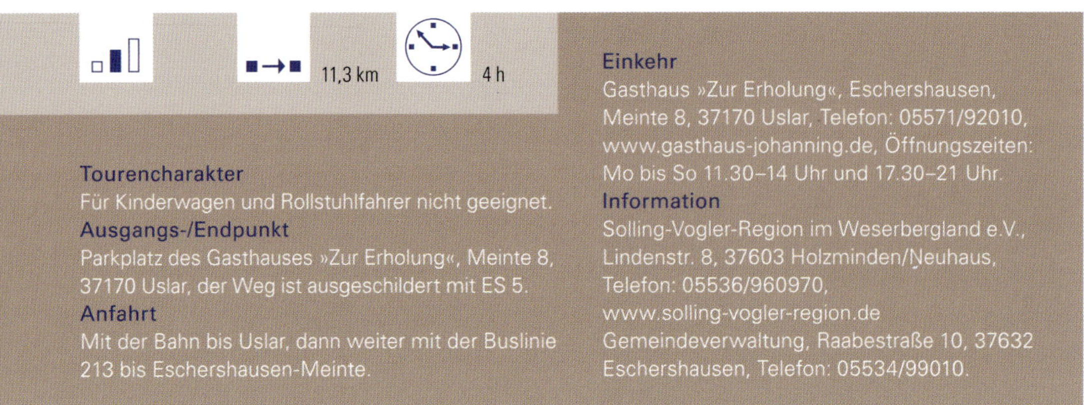

11,3 km 4 h

Tourencharakter
Für Kinderwagen und Rollstuhlfahrer nicht geeignet.

Ausgangs-/Endpunkt
Parkplatz des Gasthauses »Zur Erholung«, Meinte 8, 37170 Uslar, der Weg ist ausgeschildert mit ES 5.

Anfahrt
Mit der Bahn bis Uslar, dann weiter mit der Buslinie 213 bis Eschershausen-Meinte.

Einkehr
Gasthaus »Zur Erholung«, Eschershausen, Meinte 8, 37170 Uslar, Telefon: 05571/92010, www.gasthaus-johanning.de, Öffnungszeiten: Mo bis So 11.30–14 Uhr und 17.30–21 Uhr.

Information
Solling-Vogler-Region im Weserbergland e.V., Lindenstr. 8, 37603 Holzminden/Neuhaus, Telefon: 05536/960970, www.solling-vogler-region.de
Gemeindeverwaltung, Raabestraße 10, 37632 Eschershausen, Telefon: 05534/99010.

Wir starten am Parkplatz gegenüber dem **Gasthaus »Zur Erholung« (A/E)**

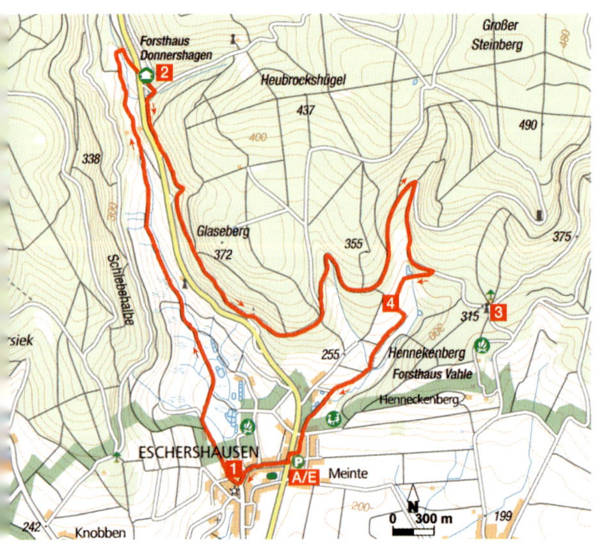

in Eschershausen. Hier beginnt die Italstraße. Diese wandern wir entlang und biegen an der dritten Straße rechts ab. Wir gehen die Asphaltstraße geradeaus weiter, bis sich der Weg am Ital gabelt. Hier nehmen wir den rechten Weg. Das Ital ist eines der schönsten Wiesentäler im Solling, mit den vielen kleinen Fischteichen und Quellen. Wir wandern weiter auf der Straße, die in einen Schotterweg übergeht. Nach etwa 1,5 Kilometern am Hinweisschild »Kleeborn« empfiehlt es sich, einen kleinen Abstecher nach rechts zu dieser **Quelle (1)** zu machen. Sie befindet sich nach etwa 200 Metern auf der linken Seite. Zurück auf dem Wanderweg gehen wir weiter durch das Ital. Am Ende des Weges sehen wir links zwei Ferienhäuser und biegen gleich rechts ab. Dann gehen wir zur L548 am **Forsthaus Donnershagen (2)**. Wir queren die Straße und biegen an der dritten Abzweigung links ab. Nun folgen wir dem Schotterweg rechts mit der Ausschilderung »Wildschwein«. Nach etwa 1,5 Kilometern parallel zur Landstraße halten wir uns links und folgen der Beschilderung »Sonnenblume« bis zur nächsten Abzweigung, auf die wir nach ungefähr 700 Metern treffen. Wir biegen rechts ab und bleiben auf dem Weg in Richtung **Harzblick (3)**. Nach etwa 1,8 Kilometern an der Gabelung mit den Hinweisschildern »Harzblick« biegen wir sofort rechts ab und folgen dem Weg bergab. An der ersten möglichen Abzweigung biegen wir am Hochsitz rechts ab und gehen weiter bergab zur **Jägerquelle (4)**. An der Quelle vorbei, gehen wir nach links auf den Wiesenweg. Jetzt können wir einen wunderbaren Weitblick auf die Orte Eschershausen und Uslar genießen. Eine Ruhebank lädt zum Verweilen ein. Wir folgen dem Wiesenweg, dann geht es bergab rechts den Schotterweg hinunter. Nach ungefähr 1,2 Kilometern erreichen wir über den Jägeranger den Henneckenbergsweg. Wir wenden uns nach rechts, biegen dann links in die Landstraße ein und erreichen nach einigen Metern unseren Startpunkt.

Tipp

Weitere schöne Ausflugsziele rund um Eschershausen, die sich ebenfalls lohnen: Besichtigung und Besteigung des Sollingturms, Besuche im Schmetterlingspark, Bauerngarten Uslar oder Museum Uslar.

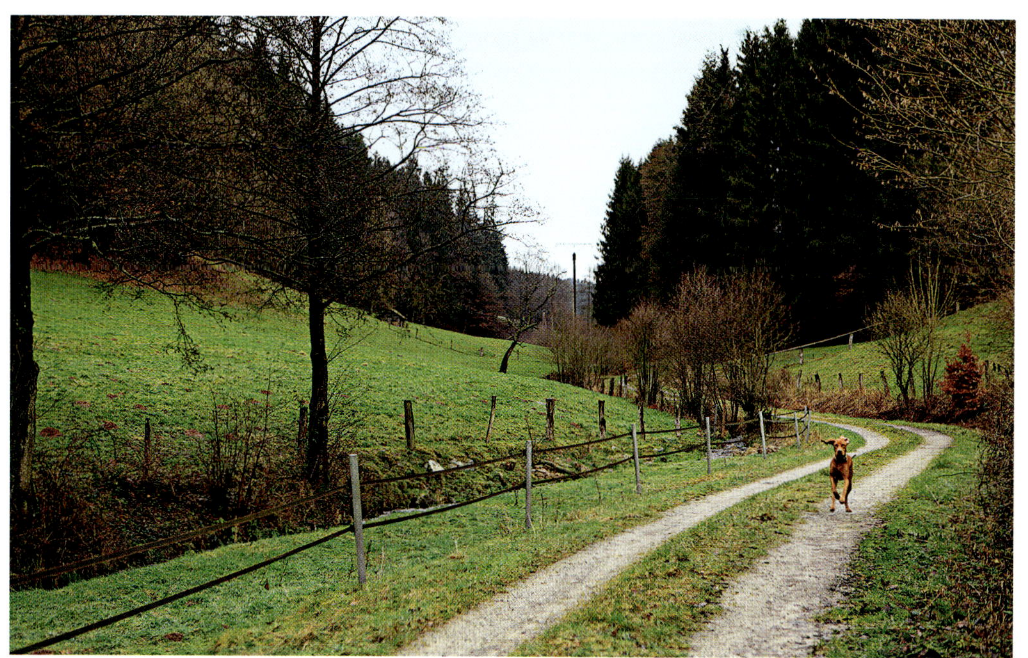

20 Der Köterberg – Rundwanderweg ab Höxter-Fürstenau

Sehr schöne, asphaltierte und ganzjährig begehbare Strecke

Der Weg führt an dem ehemaligen jüdischen Friedhof Fürstenau sowie einem interessanten Feuchtbiotop vorbei. Auf dem höchsten Punkt der Wanderung erwartet uns ein herrlicher Rundblick über die niedersächsische Kleinstadt Holzminden hinweg bis in den Solling und den Vogler und zurück nach Nordrhein-Westfalen zum Köterberg, auch scherzhaft »Monte-Wau-Wau« genannt.

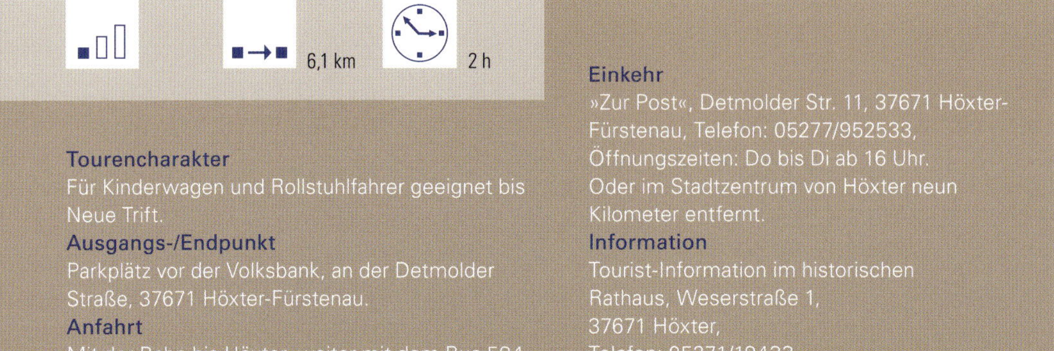

Tourencharakter
Für Kinderwagen und Rollstuhlfahrer geeignet bis Neue Trift.

Ausgangs-/Endpunkt
Parkplätz vor der Volksbank, an der Detmolder Straße, 37671 Höxter-Fürstenau.

Anfahrt
Mit der Bahn bis Höxter, weiter mit dem Bus 594 bis Haltestelle Gasthaus Schmitz.

Einkehr
»Zur Post«, Detmolder Str. 11, 37671 Höxter-Fürstenau, Telefon: 05277/952533, Öffnungszeiten: Do bis Di ab 16 Uhr. Oder im Stadtzentrum von Höxter neun Kilometer entfernt.

Information
Tourist-Information im historischen Rathaus, Weserstraße 1, 37671 Höxter, Telefon: 05271/19433, www.hoexter-tourismus.de

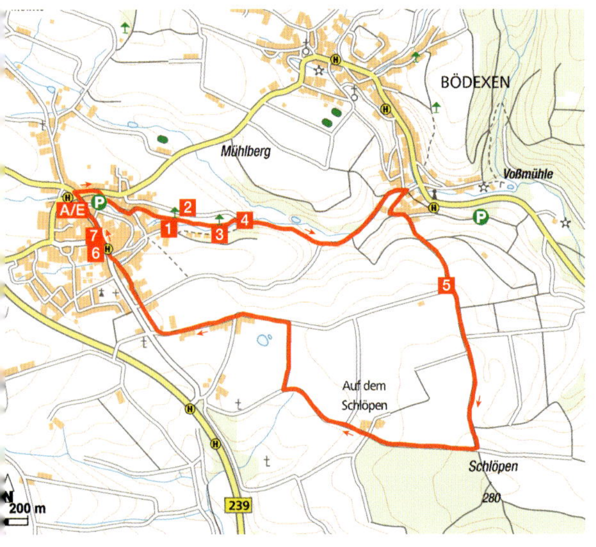

Wir starten am **Parkplatz Detmolder Straße (A/E)**, queren die Detmolder Straße und biegen rechts in die Bödexer Straße ein. Nach 20 Metern biegen wir wiederum rechts in die Straße Zum Greumesberg ein. An der Weggabelung halten wir uns links und kommen nach etwa 500 Metern am **Tretbecken (1)** vorbei. Unmittelbar dahinter befindet sich der ehemalige **jüdische Friedhof (2)**. Weiter geht es geradeaus bis zur nächsten Weggabelung. Hier halten wir uns rechts. Nach etwa 800 Metern kommt die **Hubertusschutzhütte (3)**, danach erreichen wir die Pionierbrücke mit **Feuchtbiotop (4)**.

Vorsicht: Die Brücke ist bei Nässe extrem rutschig! Wir wandern ungefähr einen Kilometer an dem Flüsschen Saumer entlang, passieren dabei eine Abbiegung rechts und gehen geradeaus bis zu einer Kreuzung. Hier biegen wir scharf nach rechts in die Straße Neue Trift ein. Am Ende des Bürgersteiges auf der linken Straßenseite biegen wir links in einen Fußpatt ein. An dessen Ende halten wir uns links. Wir bleiben auf der Neuen Trift und gehen bergan. Oben angekommen, haben wir einen grandiosen Blick auf Holzminden, den Köterberg und die Solling-Vogler-Region. Wer abkürzen möchte, biegt **hier (5)** rechts ein und folgt der Straße bis nach Fürstenau. Wir gehen jedoch geradeaus bis zur Kreuzung mit der Eichenallee Auf dem Schleipen. Hier halten wir uns rechts. Weiter geht es geradeaus. Wir biegen die dritte Straße rechts ab. Nach etwa 300 Metern biegen wir links in die

Der Köterberg ist der höchste Berg im Weserbergland und wird daher auch als Brocken des Weserberglands bezeichnet. Er liegt zwischen Lügde und Höxter. Beide Städte sind einen Besuch wert. Höxter kann mit Schloss Corvey aufwarten. Lügde ist für seine brennenden Osterräder berühmt.

Straße Am Langen Acker ein. Nun geht es ungefähr 600 Meter geradeaus. Kurz vor der Hauptstraße biegen wir rechts ab und gehen die Straße Alter Postweg entlang, bis wir auf die Detmolder Straße treffen. Wir queren diese, passieren links das **Gasthaus »Zur Post« (6)** und die **Kirche St. Anna (7)**. Nach 200 Metern erreichen wir unseren Startpunkt.

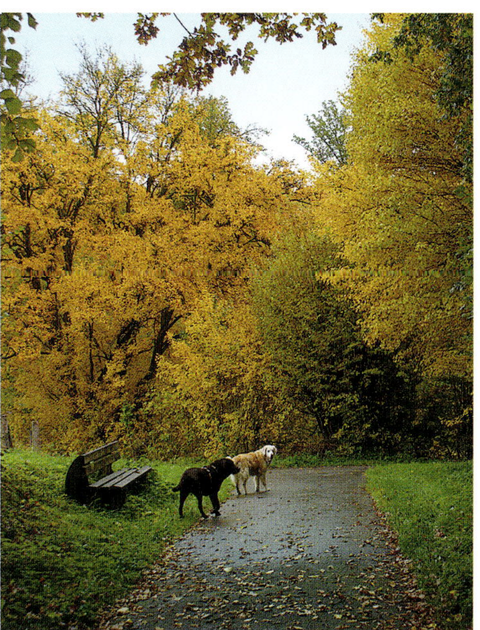

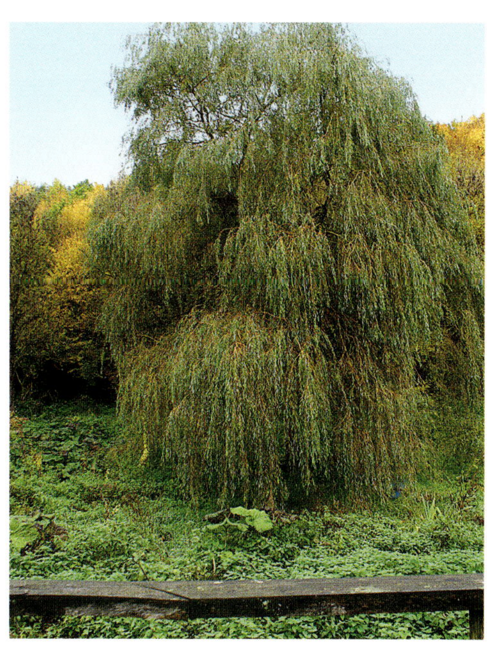

Das Feuchtbiotop an der Pionierbrücke.

21 Hochmoorroute Silberborn

Das Naturschutzgebiet im Hochsolling

Mecklenbruch ist ein Hochmoor im Naturpark Solling-Vogler im Weserbergland, das bereits 1939 unter Naturschutz gestellt wurde. Die mit Birkenbruchwäldern und niedriger Moorvegetation bewachsene Fläche ist 63 Hektar groß und bietet verschiedenen Tier- und Pflanzenarten einen einzigartigen Lebensraum.

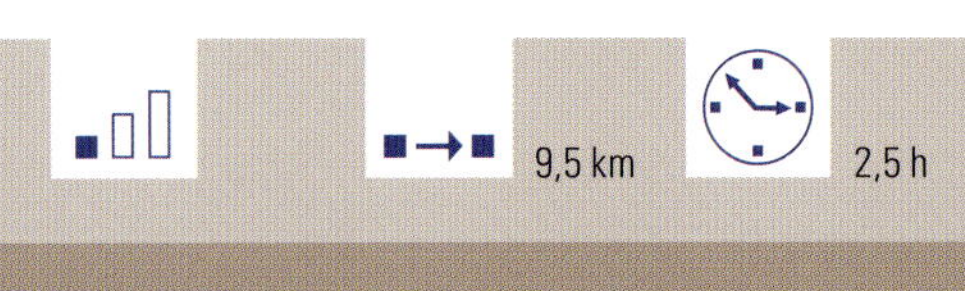

Tourencharakter
Für Kinderwagen und Rollstuhlfahrer bis Aussichtsturm geeignet. Naturschutzgebiet, ganzjährige Leinenpflicht. Hier würde eine Schleppleine Sinn machen.

Ausgangs-/Endpunkt
Parkplatz am Ortsausgang Silberborn in Richtung Dassel.

Anfahrt
Mit der Bahn nach Holzminden oder Uslar, weiter mit Bus 510 bis Silberborn Ortsmitte.

Einkehr
Landhaus Sollingshöhe, Dasseler Str. 15, 37603 Holzminden, Telefon: 05536/95080, www.mackes-sollingshöhe.de, Öffnungszeiten: täglich von 11–23 Uhr; Restaurant »Wilddiebstube« am Campingplatz in Silberborn, Glashüttenweg 4, 37603 Holzminden, Telefon: 05536/664, www.campingplatzsilberborn.de, Öffnungszeiten: täglich ab 12 Uhr; »Ulla's Traumcafé«, Dasseler Str. 8, 37603 Holzminden, Telefon: 05536/456, Öffnungszeiten: Fr bis So 14–18 Uhr; Wirtshaus »Zum Kreuger«, Sollinger Landstr. 7, 37603 Holzminden, Telefon: 05536/735, Öffnungszeiten: Mi bis So ab 17 Uhr.

Information
Touristik-Information Hochsolling, Wildpark 1, 37603 Holzminden, Telefon: 05536/1011, www.hochsolling.de

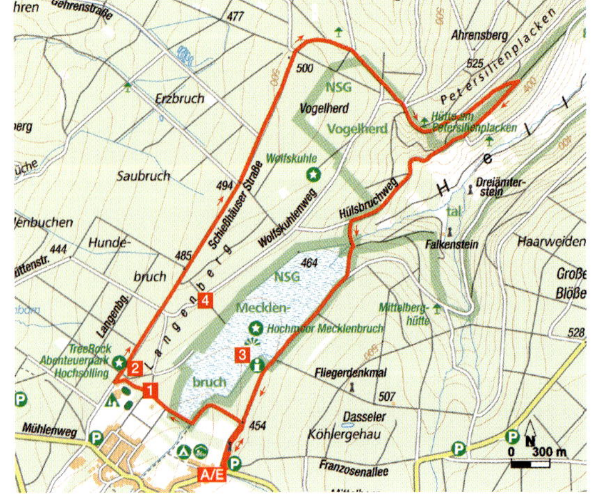

Wir gehen vom **Parkplatz am Ortsausgang Silberborn (A/E)** geradeaus in Richtung Hochmoor. An der nächsten Wegkreuzung biegen wir links ab. Wir folgen dem Weg bis zur nächsten T-Kreuzung, wo wir rechts abbiegen. Nun geht es geradeaus am **Hochseilgarten (2)** (auf der rechten Seite) vorbei. An der Kreuzung biegen wir rechts ab. Diesem Weg folgen wir bis zu einer weiteren T-Kreuzung. Hier halten wir uns rechts und gehen geradeaus. An einer sternförmigen Kreuzung nehmen wir die zweite

Abbiegung rechts (Waldweg). Ein schmaler Pfad führt abwärts. An der Kreuzung mit einem breiteren Schotterweg biegen wir rechts ab. Wir folgen dem Weg, bis links der LRR (grünes Rechteck mit weißem LRR) in einen Waldweg abgeht. Hier biegen wir ein. An der T-Kreuzung halten wir uns rechts und gehen geradeaus, bis wir auf einen breiten Weg treffen. Hier biegen wir ebenfalls rechts ab. Wir gehen geradeaus, bis uns rechts ein **Stegweg (3)** zum **Aussichtsturm (4)** führt. Der 300 Meter lange Abstecher ist lohnenswert! Zurück auf dem Hauptweg wenden wir uns nach rechts und erreichen bald wieder den Parkplatz.

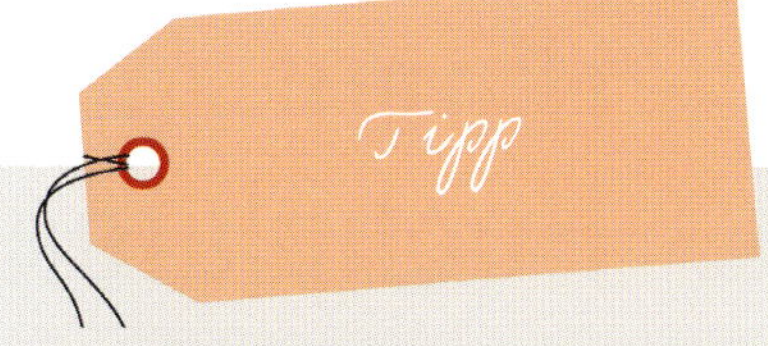

Alternative

Der mit LRR ausgeschilderte Weg hat zwei kurze Varianten für Seniorenhunde: Dem Weg wie beschrieben bis kurz vor den Kletterwald folgen, **hier (1)** rechts abbiegen. Ganz kurz: Auf den Stegweg rechts einbiegen, am Aussichtsturm vorbei, rechts auf den Hauptweg und zurück zum Auto (etwa zwei Kilometer). Oder die zweite Variante: Am Stegweg geradeaus, rechts in den Waldweg abbiegen, nächste T-Kreuzung rechts, weitere T-Kreuzung ebenfalls rechts auf den Hauptweg, geradeaus bis zum Auto (etwa vier Kilometer).

Der Aussichtsturm auf dem Stegweg.

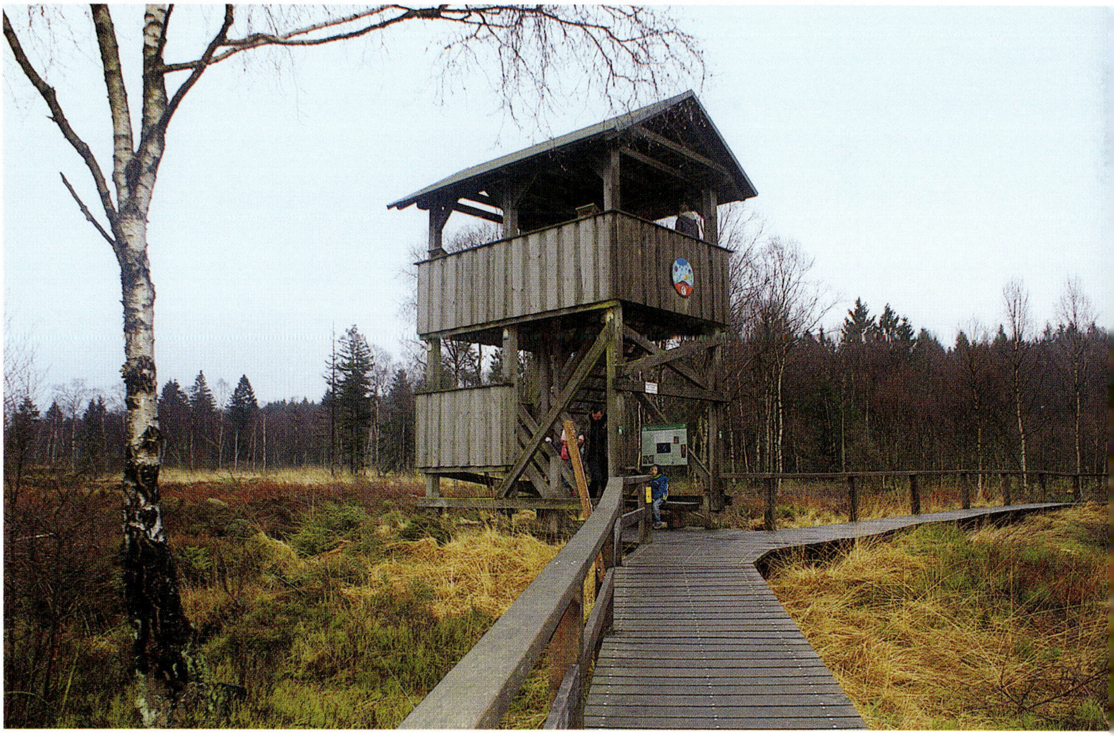

22

Hinauf zum Queckernkopfer Hochplateau

Durch die Solling-Vogler Region im Weserbergland

Ein Hochplateau im Weserbergland ist recht ungewöhnlich für die Region. Hochplateaus findet man in Deutschland sonst nur im Bayrischen Wald bzw. auf der schwäbischen und fränkischen Alb.

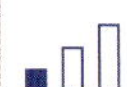 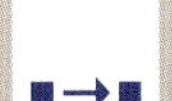 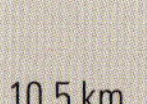 10,5 km 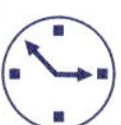 2,5–3 h

Tourencharakter
Für Kinderwagen und Rollstuhlfahrer bedingt geeignet (der Weg ist geschottert und breit, jedoch sind 153 Höhenmeter zu überwinden), ausgeschildet mit gelbem Viereck mit FÜ 1 in Blau.

Ausgangs-/Endpunkt
Parkplatz an der Porzellanmanufaktur Fürstenberg, Meinbrexener Str. 2, 37699 Fürstenberg.

Anfahrt
Mit der Bahn bis Höxter oder Lauenförde, dann weiter mit der Buslinie 556 bzw. 554, von Holzminden aus mit der Buslinie 554 Richtung Beverungen Schulzentrum.

Einkehr
»Café im alten Kuhstall«, Rittergut 1, 37697 Lauenförde, Telefon: 05273/7357, www.rittergut-meinbrexen.de, Öffnungszeiten: 1. Mai bis 25. Oktober täglich von 10–18 Uhr; »Schlosscafé Lottine«, Meinbrexener Str. 2, 37699 Fürstenberg, Telefon: 05271/596523, www.schlosscafe-lottine.de, Öffnungszeiten: Di bis So 10–18 Uhr; »Weserberg-Terrassen«, Meinbrexener Str. 4, 37699 Fürstenberg, Telefon: 05271/49420, www.weserberg-terrasse.de, Öffnungszeiten: Di bis So 11–21 Uhr. Ruhetag: Januar und Februar: Mo und Di, März bis Dezember: Mo, durchgehend warme Küche, moderate Preise; Gasthaus »Eulenkrug«, Eulenkrug 1, 37691 Derental, Telefon 05273/7100, www.eulenkrug.de, Öffnungszeiten Sommer: Di bis Sa ab 12 Uhr, So ab 10 Uhr, Winter: Di bis So ab 14.30 Uhr.

Information
Tourist-Information, Meinbrexener Str. 2, 37699 Fürstenberg, Telefon: 05271/694717, www.gemeinde-fuerstenberg.de

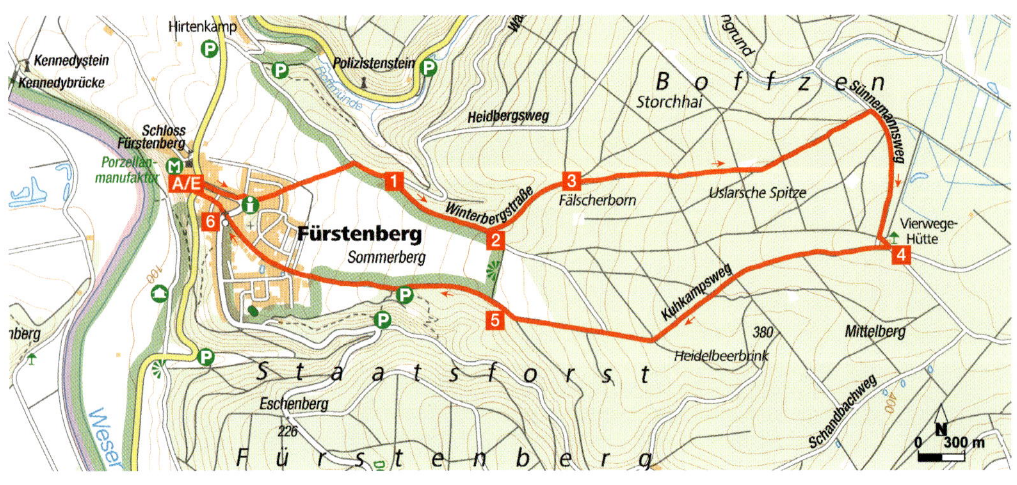

Wir gehen vom **Parkplatz an der Porzellanmanufaktur Fürstenberg (A/E)** nach links, queren die Straße und gehen geradeaus in die Neue Straße. Bei Beginn der Rechtskurve informiert linker Hand eine Hinweistafel über das Wandergebiet Fürstenberg. An der Kreuzung (Volksbank) wenden wir uns nach links, dann biegen wir rechts in den Klappenweg ein, der ab dem Ortsrand als Kirschbaumallee hinauf zum Waldrand führt. Dort stoßen wir auf eine erstaunlich großzügig ausgebaute Teerstraße, auf der wir rechts weiter hinaufwandern. Wir kommen an der eindrucksvollen **Revierförsterei Fürstenhagen (1)** vorbei und gelangen nach etwa einem Kilometer an das Ende der Asphaltstraße. Wir halten uns an der Weggabelung links und setzen unsere Wanderung im Kalkbuchenhochwald auf der gut ausgebauten Winterbergstraße in Richtung Neuhaus fort.

Tipp

Einen Besuch wert sind auch folgende Sehenswürdigkeiten in der nahen Umgebung: das Schloss Fürstenberg, die Altstadt von Höxter und natürlich das Weltkulturerbe Schloss Corvey.

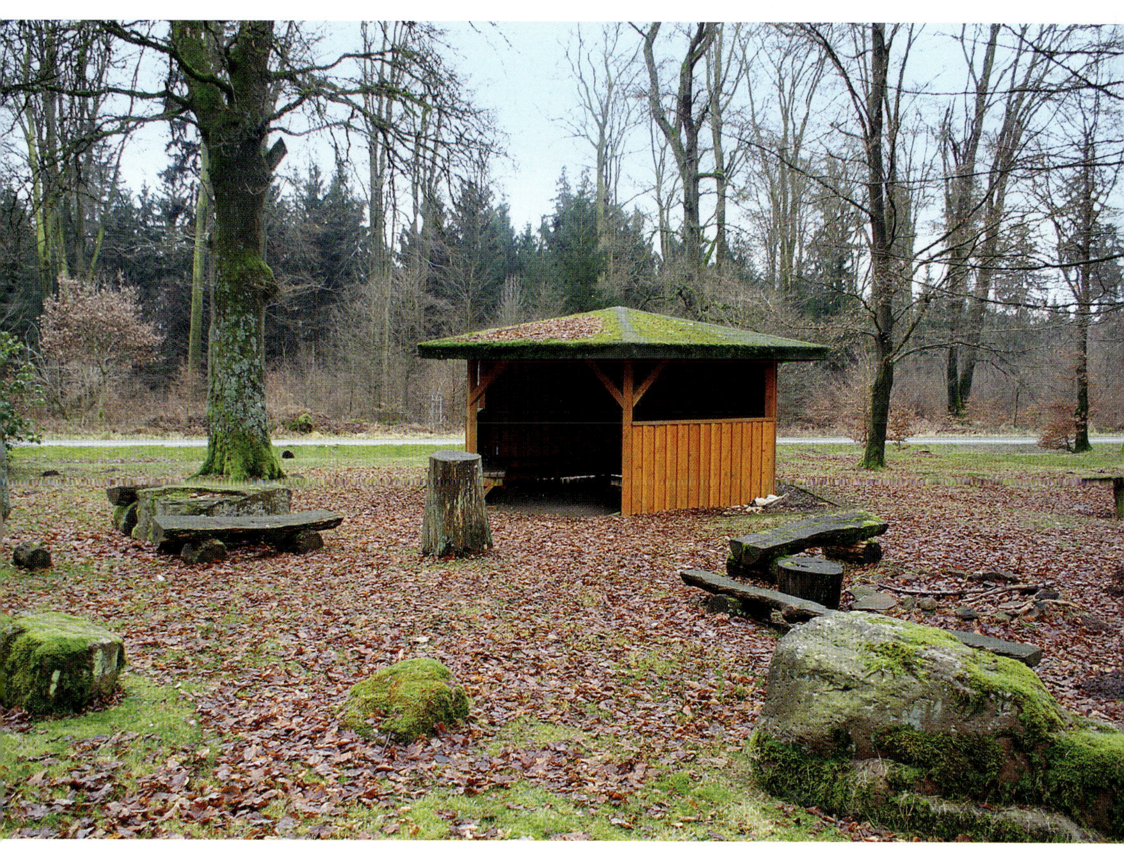

Der Rastplatz mit Schutzhütte.

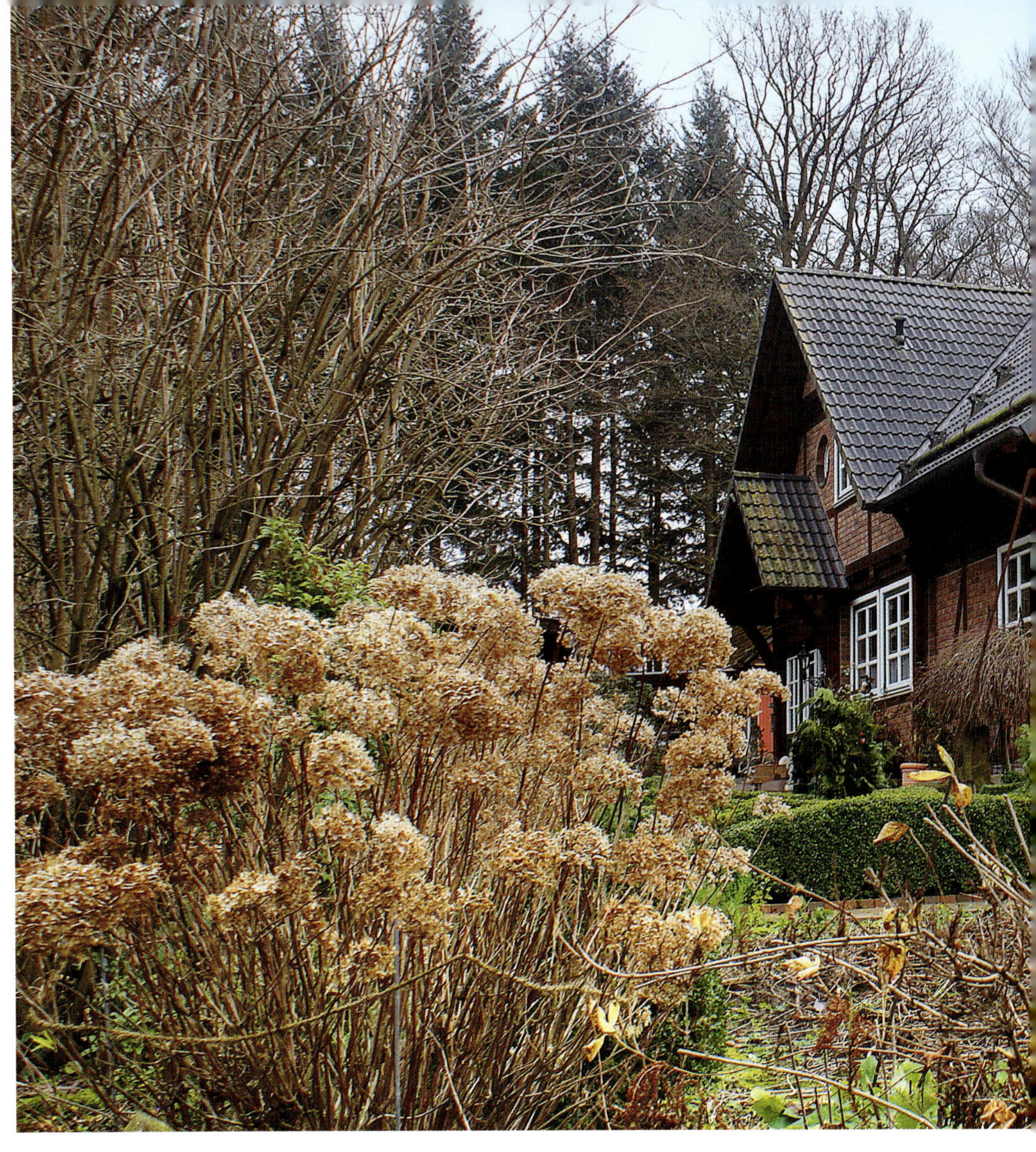

Für ältere Hunde: Wer nur eine kurze Runde laufen möchte, geht an der **Weggabelung (2)** rechts, nimmt die nächste rechts, biegt dann rechts auf die Neuhäuser Straße ein und folgt dieser über den Krugbrink bis zum Parkplatz. Länge etwa 3,8 Kilometer.

Der Weg senkt sich zunächst, um dann wieder bergauf zu führen. Nach ungefähr einem Kilometer zweigt links eine Forststraße ab, rechts entspringt der **Fälscherborn (3)**. Ein Holzschild an einer mächtigen Eiche weist uns darauf hin, dass wir uns am Sandbrink befinden. Weiter geht es geradeaus bergan bis zu einer T-Kreuzung mit dem Sünnemannsweg: Wir sind auf der Hochebene des Queckernkopfes angekommen. Wir biegen rechts ab, wandern geradeaus, bis wir am Ende der Forststraße auf ein Wegedreieck treffen, in dem ein großzügig angelegter **Rastplatz mit Schutzhütte (4)** zum erneuten Verweilen einlädt. Hier haben wir auch mit 420 Meter den höchsten Punkt

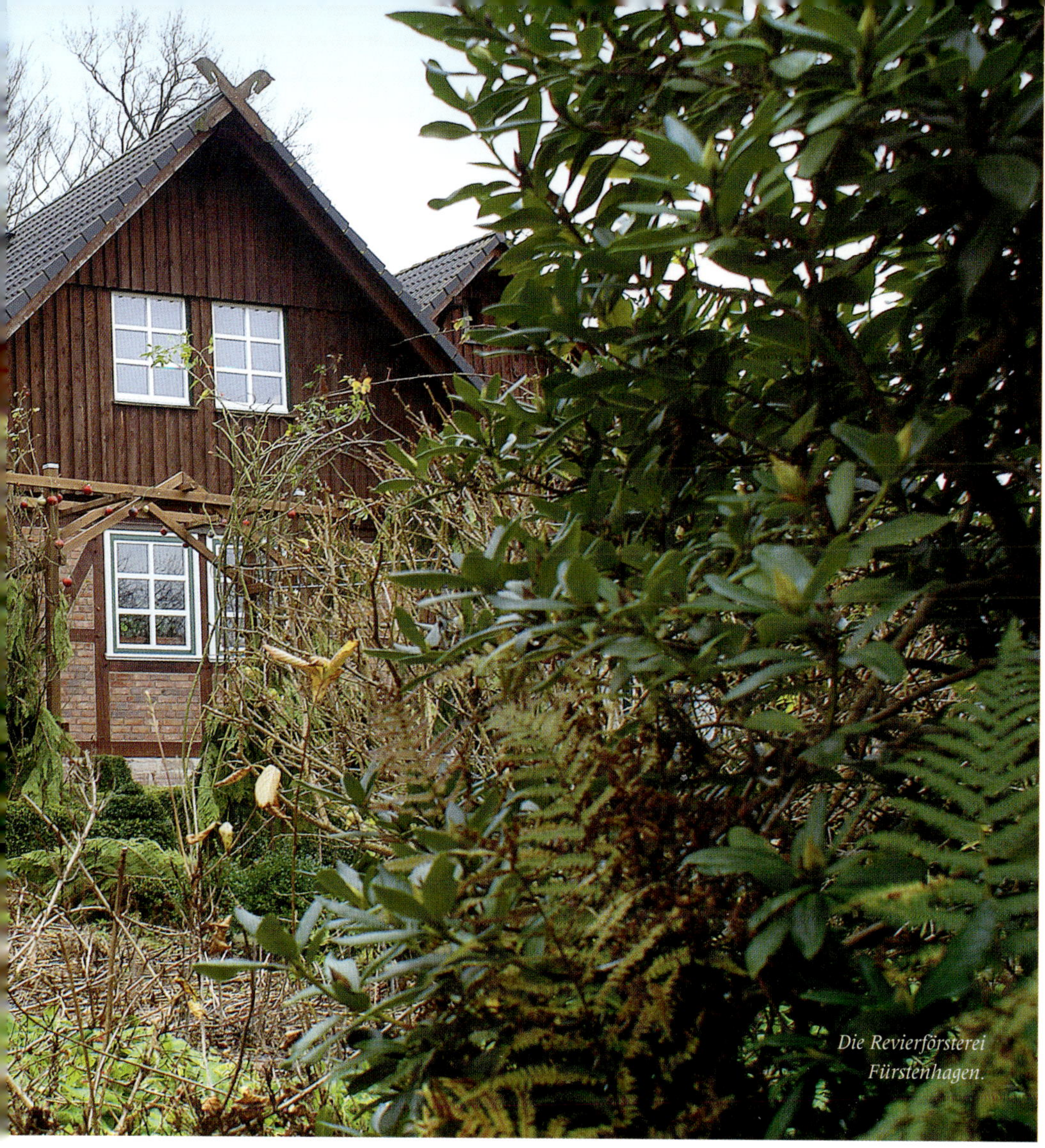

Die Revierförsterei Fürstenhagen.

unserer Wanderung erreicht. Der Rastplatz liegt an der Fürstenberger Allee, der wir nun rechts folgen. Für 1,5 Kilometer geht es leicht fallend auf dieser Eichenallee über eine lichte Hochebene, bis die Allee zum Kuhkampsweg wird. Hier befindet sich wieder ein überdachter Rastplatz. Der Weg beginnt nun deutlich abzufallen. Nach 600 Metern erreichen wir den Waldrand von Fürstenberg. Links befinden sich ein **Wanderparkplatz (5)** mit Wanderkarte und eine Wassergewinnungsanlage. Wir gehen geradeaus den Asphaltweg entlang bis zum Ortsrand von Fürstenberg. Wir treffen auf die Neuhäuser Straße mit ihren gepflegten alten Kötner- und Porzellanarbeiterhäusern, gehen diese hinunter zur **St.-Liborius-Kirche (6)**, überqueren den Hussmannplatz, biegen in den Krugbrink ein und folgen der Straße bis zur Meinbrexener Straße, in die wir rechts einbiegen. Wir queren die Straße und haben nach wenigen Metern unseren Start- bzw. Zielpunkt erreicht.

23 Auf dem Kapellenweg rund um Beverungen

Im Dreiländereck NRW-Niedersachen-Hessen

Der Stadtspaziergang »Kapellenberg« gilt als einer der schönsten und zugleich einer der kürzesten Rundwanderwege Beverungens. Die Wegstrecke führt über größtenteils asphaltierte Wege, sodass der Rundweg bei jeder Witterung gut zu begehen ist.

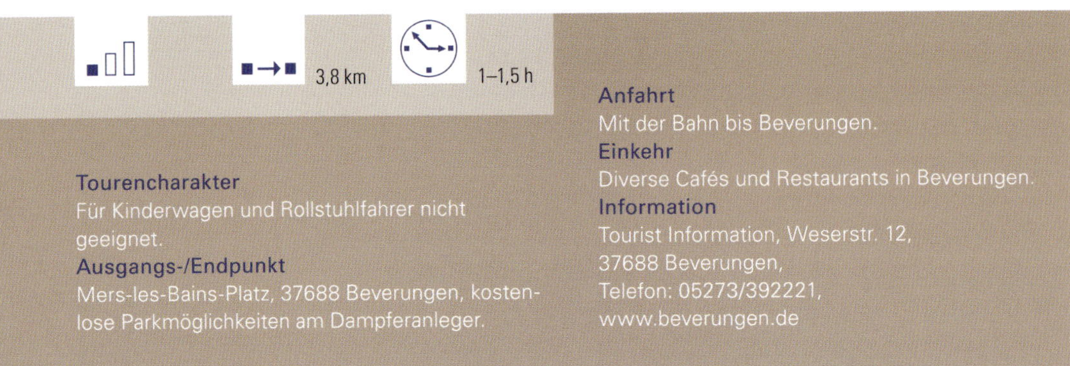

3,8 km

1–1,5 h

Tourencharakter
Für Kinderwagen und Rollstuhlfahrer nicht geeignet.

Ausgangs-/Endpunkt
Mers-les-Bains-Platz, 37688 Beverungen, kostenlose Parkmöglichkeiten am Dampferanleger.

Anfahrt
Mit der Bahn bis Beverungen.

Einkehr
Diverse Cafés und Restaurants in Beverungen.

Information
Tourist Information, Weserstr. 12,
37688 Beverungen,
Telefon: 05273/392221,
www.beverungen.de

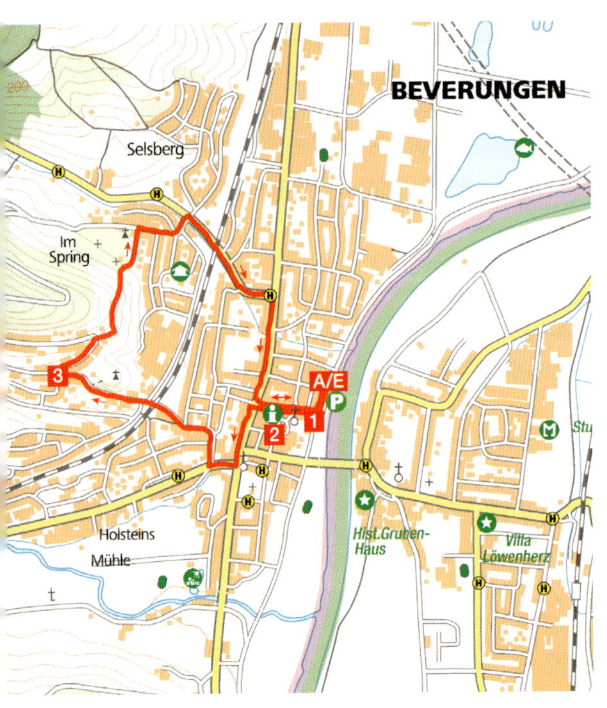

Wir starten am Parkplatz beim Dampferanleger am **Mers-les-Bains-Platz (A/E)** an der Weser beim Dampferanleger und dem **Alten Fährhaus (1)**. Wir folgen der Weserstraße in die Innenstadt und queren dabei den **Kellerplatz mit Rathaus, Cordt-Holstein-Haus und Michaelsbrunnen (2)**. Wir biegen nun links in die Lange Straße ein. An der Ampel queren wir die Straße. Wir biegen rechts in die Dalhauser Straße ein und folgen dieser bis zur nächsten Straße rechts. Hier biegen wir in die Lindenstraße ein. Weiter geht es geradeaus. An der Weggabelung am Bildstock halten wir uns links. Wenige Meter weiter teilt sich die Straße. Hier nehmen wir den rechten Weg, mittels Brücke hinweg über die Bahnlinie. Wir queren die Straße am Zebrastreifen – das

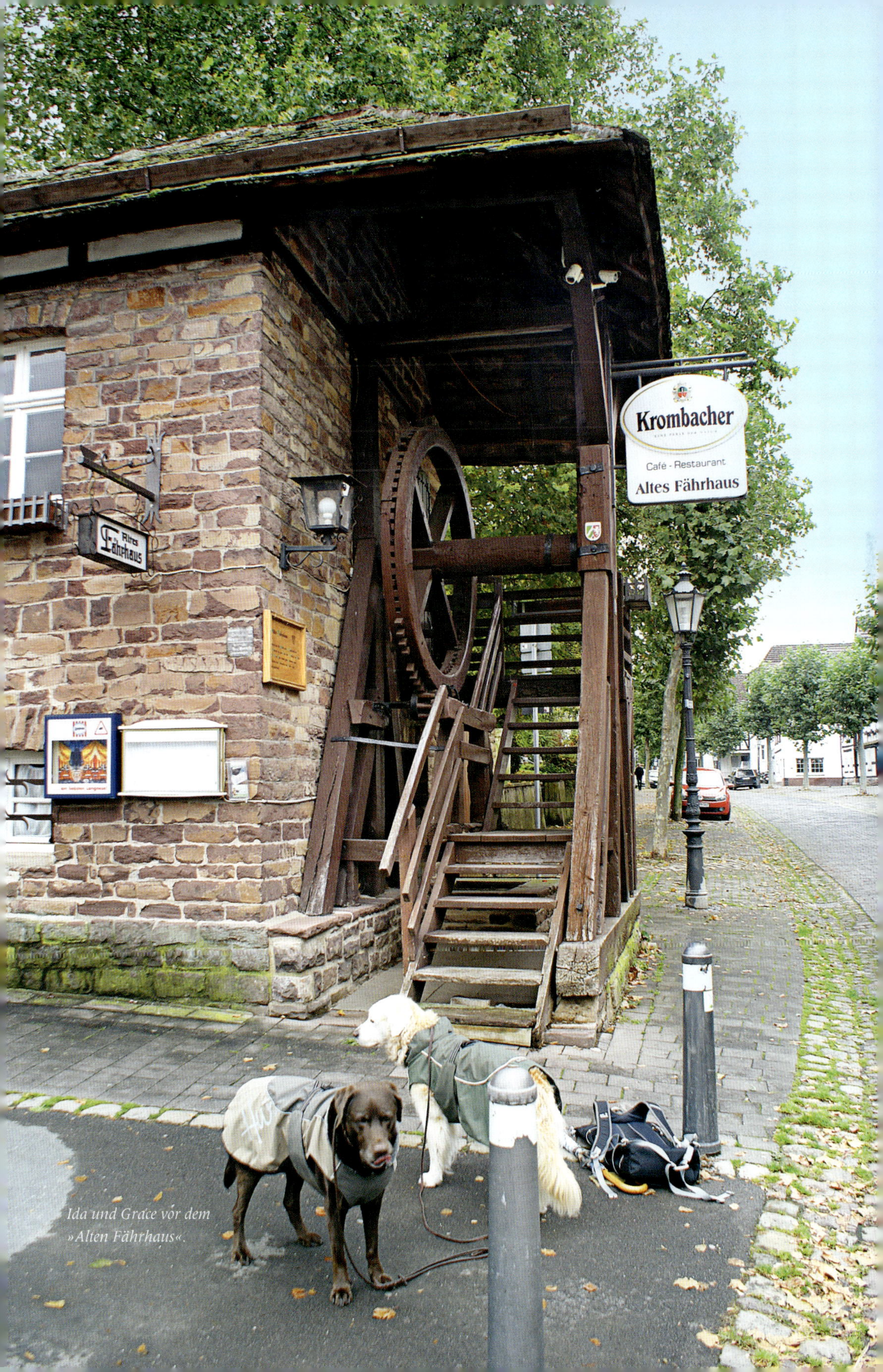

Ida und Grace vor dem »Alten Fährhaus«.

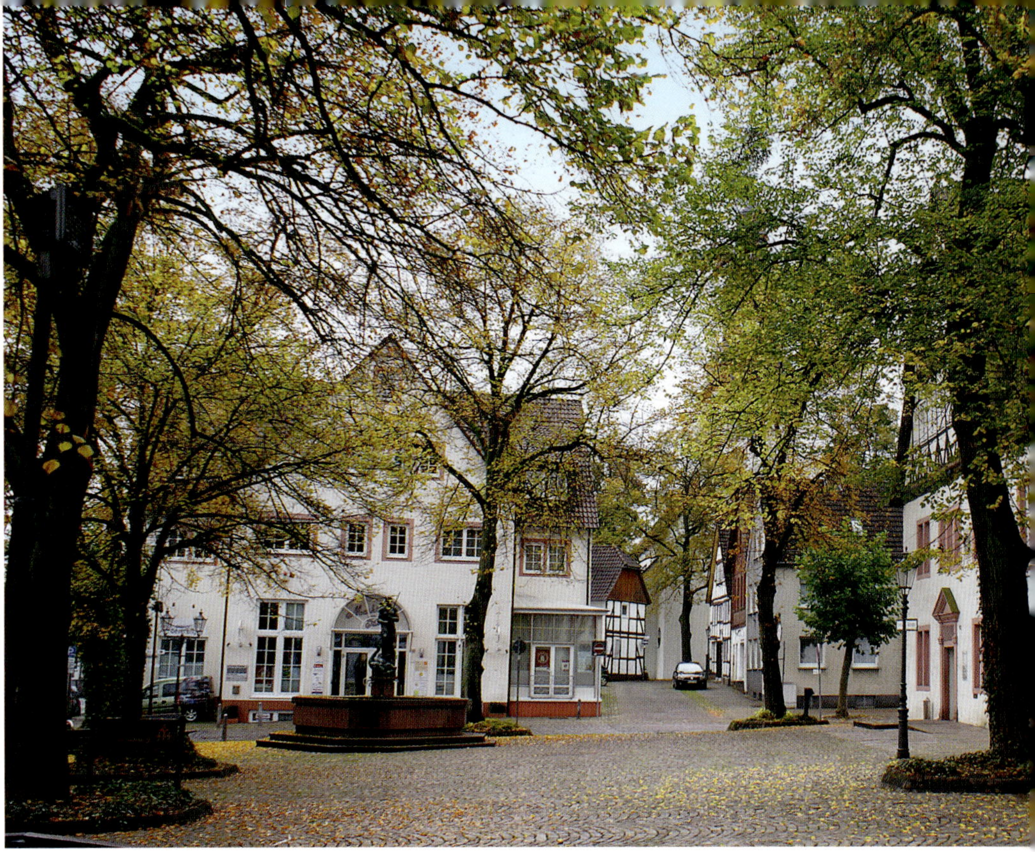

Der Kellerplatz in Beverungen.

Die Kreuzbergkapelle.

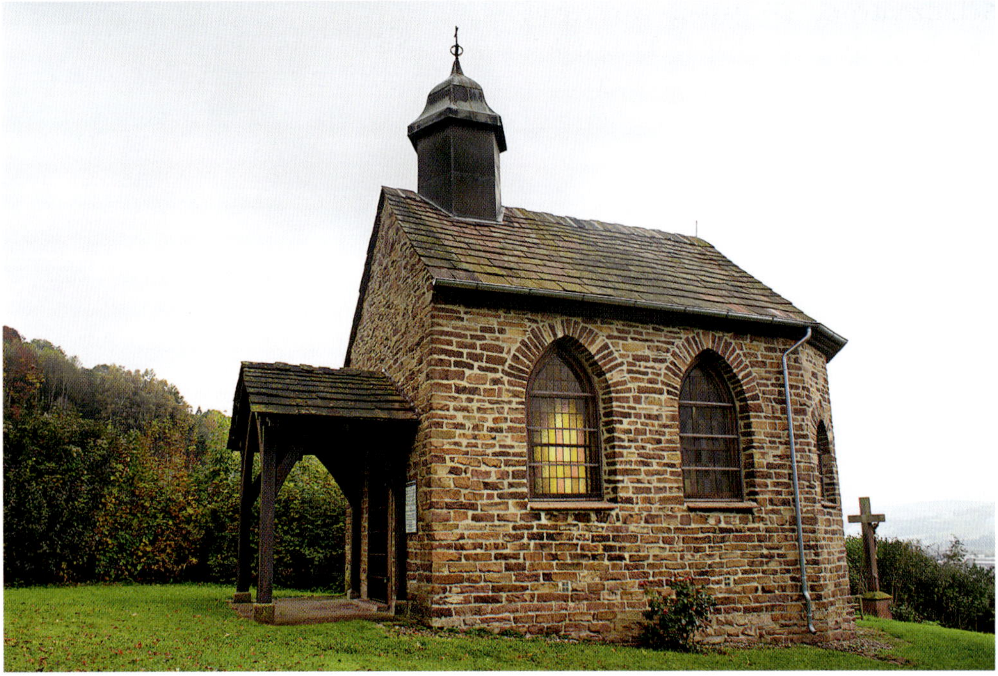

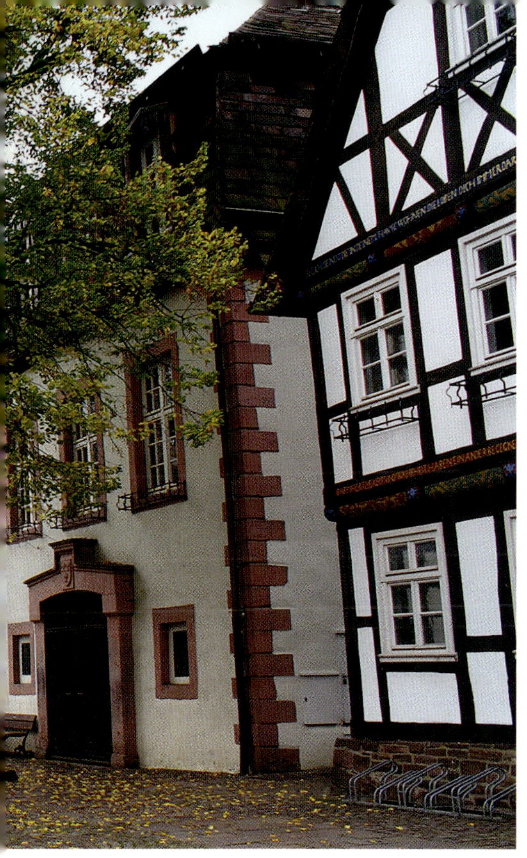

Schulzentrum (3) lassen wir rechts liegen – halten uns halblinks und folgen für etwa 150 Meter zunächst der ansteigenden Straße Am Kapellenberg. Dann geht es rechts ab und über einen schmalen Fußweg steil hinauf bis zur Kreuzbergkapelle, die wir nach 150 Metern erreichen. Anschließend folgen wir dem Kreuzweg nach links und haben nach etwa 200 Metern wieder die Straße Am Kapellenberg erreicht, der wir nach rechts bis zur nächsten scharfen Linkskehre folgen, um dann vor dem Kreuz erneut rechts abzubiegen (Stichstraße). Vor dem letzten Haus biegen wir nach rechts in den schmalen Grasweg ab. Nun geht es hinunter zur Straße Am Waldfriedhof. Wir biegen rechts in die Straße Zum Wandelnsberg ein und gehen linksseitig hinunter bis zum Kreisel der Kreisstraße Zum Spring. Wir queren am Zebrastreifen nach rechts die Straße, gehen geradeaus an der Kreisstraße entlang – unterqueren dabei die Bahnlinie – bis halbrechts ein Fußweg entlang des Springs abgeht. Wir folgen diesem und gelangen wieder in die Innenstadt, die uns einlädt, den Rundgang in einem gemütlichen Café oder Restaurant ausklingen zu lassen.

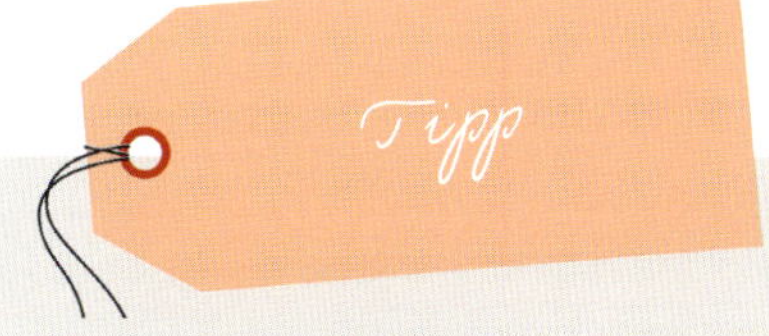

Alternative Innenstadtumgehung

Vom Mers-les-Bains-Platz nach links, am Alten Fährhaus entlang bis zur B241. Hier wenden wir uns nach rechts. An der Ampel gehen wir geradeaus über die Kreuzung, und biegen dann in die Dahlhauser Straße rechts ein – der Wegbeschreibung weiter folgen, bis wir wieder am Spring entlang in die Innenstadt gelangen. Hier queren wir die Straße an der Ampel. Die nächste Straße biegen wir links ein, folgen dieser bis zur Weser, halten uns rechts und erreichen nach 200 Metern den Parkplatz am Dampferanleger.

24 Weser-Skywalk und Brüggefelder Rundweg

An den Hannoverschen Klippen

Auf der 2011 gebauten Aussichtsplattform, dem Weser-Skywalk, können Sie in 80 Metern Höhe über einem tiefen Abgrund schweben und einen grandiosen Ausblick ins Wesertal genießen.

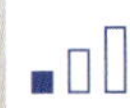

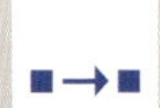

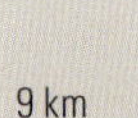

9 km

3,5 h

Tourencharakter
Waldwege für Kinderwagen und Rollstuhlfahrer nicht geeignet.

Ausgangs-/Endpunkt
Parkplatz an der Weser, Auf der Schanze, 37688 Beverungen, OT Würgassen, der Brüggefelder Rundweg ist ausgeschildert mit blauem BR 1, teilweise mit 9 auf gelbem Rechteck.

Anfahrt
Mit der Bahn bis Beverungen, zu Fuß weiter (rechts abbiegen und Ausschilderung folgen).

Einkehr
Landhotel »Alte Linde«, Würrigser Str. 4, 37688 Beverungen, Telefon: 05273/37510, www.alte-linde.de, Öffnungszeiten: täglich 12–14 und 18–21 Uhr; Hotel-Restaurant »Forsthof«, Alter Postweg 1, 37688 Beverungen, Telefon: 05273/38970, www.forsthof.com, Öffnungszeiten: Mo bis Sa ab 17 Uhr, bei gutem Wetter ab 14.30 Uhr Kaffee und Kuchen auf der Terrasse.

Direkt am Brüggefelder Rundweg
Café-Restaurant »Solling-Forellenhof«, Brüggefeld 10, 37697 Lauenförde, Telefon: 05273/7122, www.solling-forellenhof.de, Öffnungszeiten: Fr bis Mi, Do Ruhetag außer an Feiertagen, von November bis März auch Mi Ruhetag, Di und Fr auch preiswertes Mittagsgericht.

Information
Tourist Information, Weserstr. 12, 37688 Beverungen, Telefon: 05273/392221, www.beverungen.de

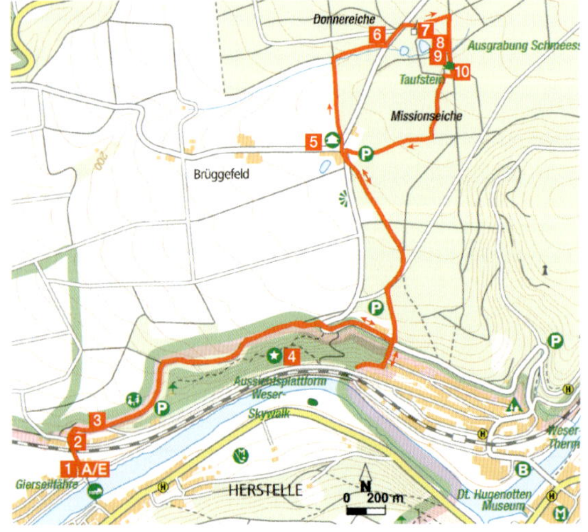

Vom **Parkplatz an der Weser (A/E)** in Würgassen gelangen wir an der **Gaststätte »Alte Linde« (1)** und dem **Hotel-Restaurant »Forsthof« (2)** vorbei auf den **Familien-Erlebnispfad »Holzweg« (3)**. Acht Stationen informieren über Wissenswertes zu Wald und Holz. Die Steilhänge sind für eine holzwirtschaftliche Nutzung zu steil, daher findet man viele uralte, aber auch sterbende und tote Bäume.

Wir kommen an eine T-Kreuzung, wenden uns nach rechts und erreichen nach wenigen hundert Metern den

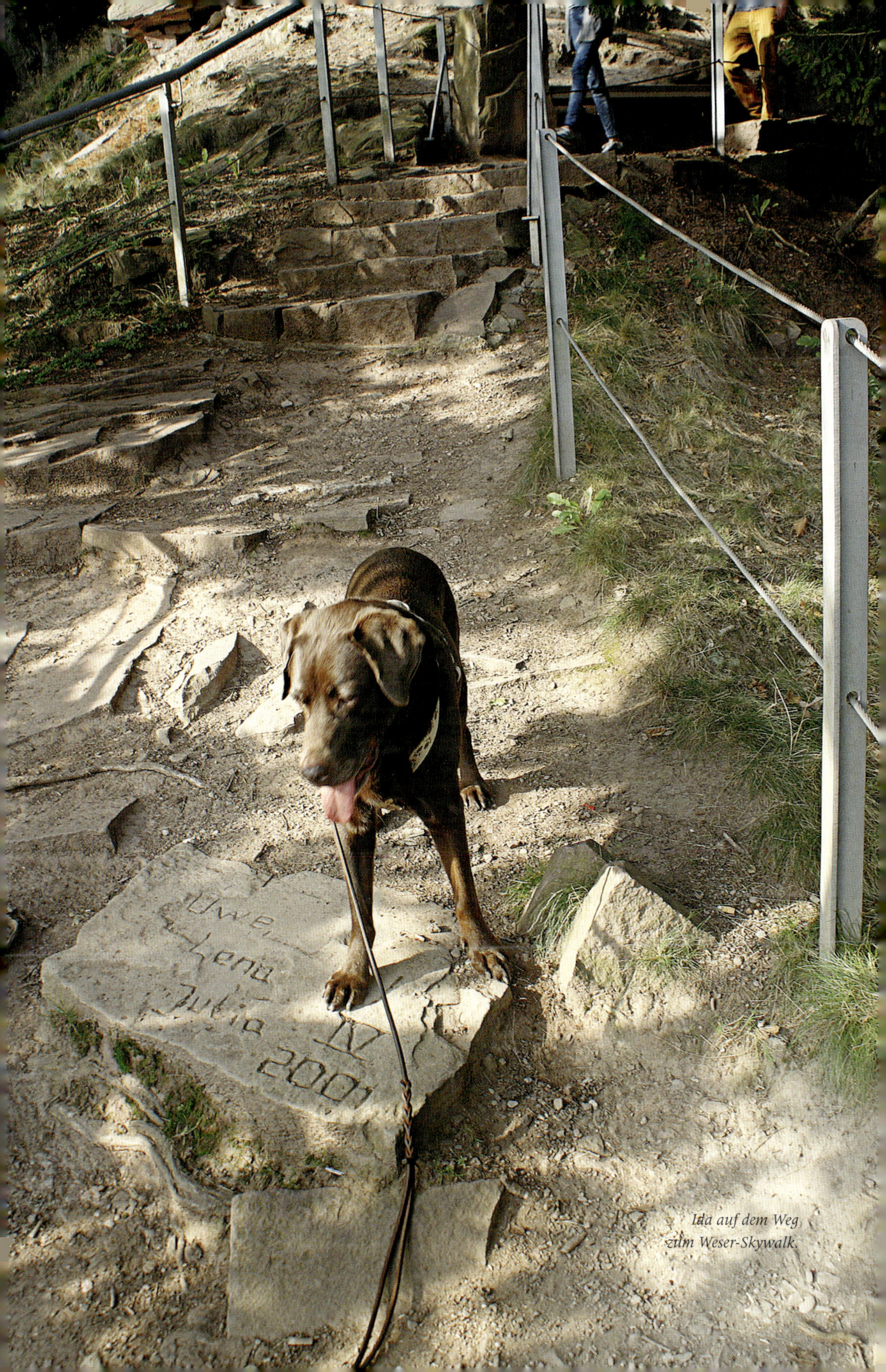

Ida auf dem Weg zum Weser-Skywalk.

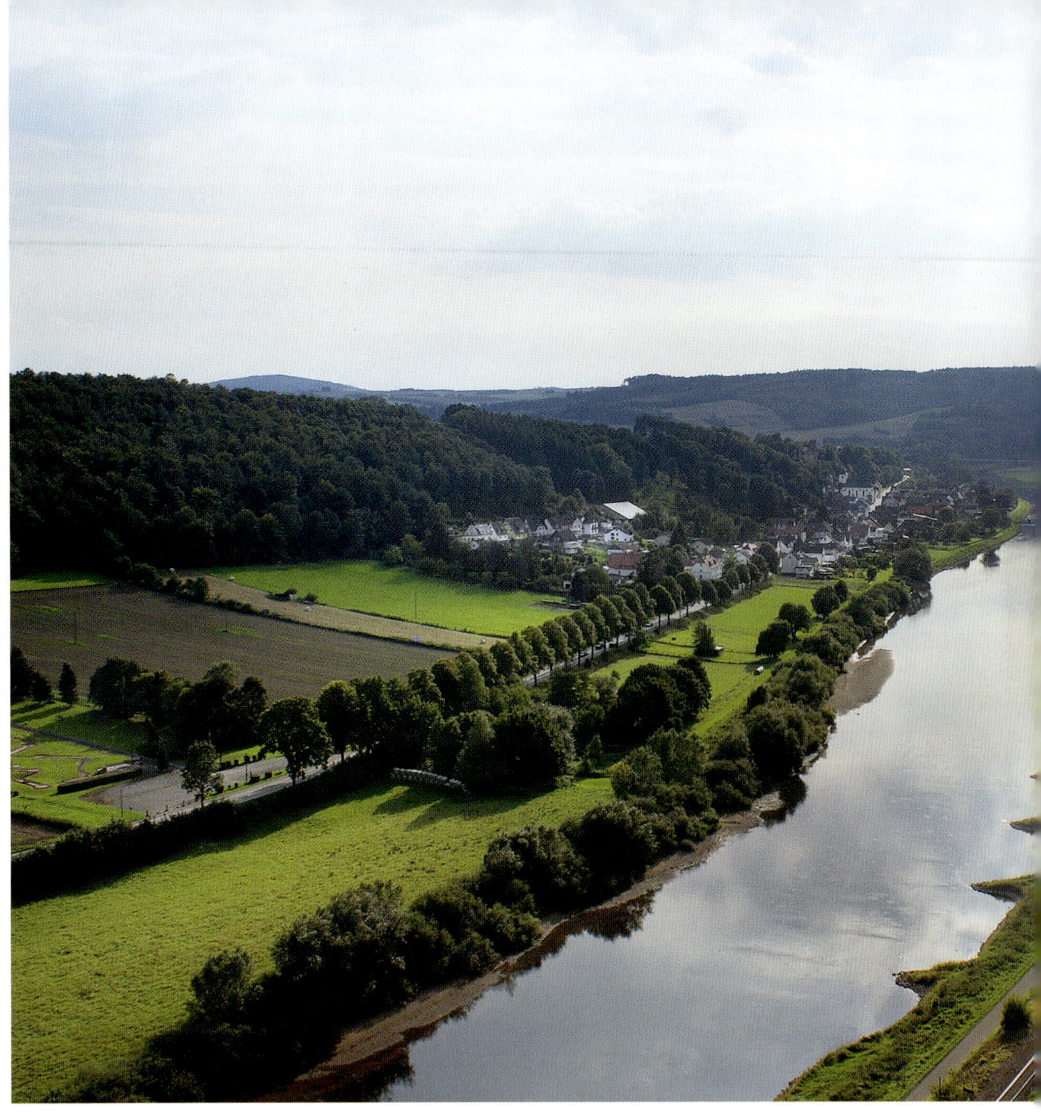

Die grandiose Aussicht vom Weser-Skywalk.

Weser-Skywalk (4). Etwa vier Meter ragt das Bauwerk aus dem Fels hervor. Nichts für Menschen mit Höhenangst, denn auf den offenen Gitterrosten stellt sich schnell ein Gefühl des Schwebens über den Klippen und der Weser ein.

Der Wanderer mit flottem Vierbeiner kann nun noch den Brüggefelder Rundweg erkunden, während der ältere Hund sich mit Herrchen oder Frauchen wieder zum Ausgangspunkt zurückbegibt. Der Brüggefelder Rundweg ist ein schön angelegter Waldpfad, der durch einen alten Hutewald führt. Die abgestorbenen Baumriesen Schmeessereiche und Donnereiche sind wunderschöne und beeindruckende Baumskulpturen, die perfekte Hintergrundmotive für ein Erinnerungsfoto abgeben.

Vom Weser-Skywalk kommend, queren wir die Straße und gehen weiter geradeaus, bis wir zu einem Parkplatz gelangen. Hier halten wir uns rechts. Wir folgen dem Schotterweg, bis links ein Waldweg

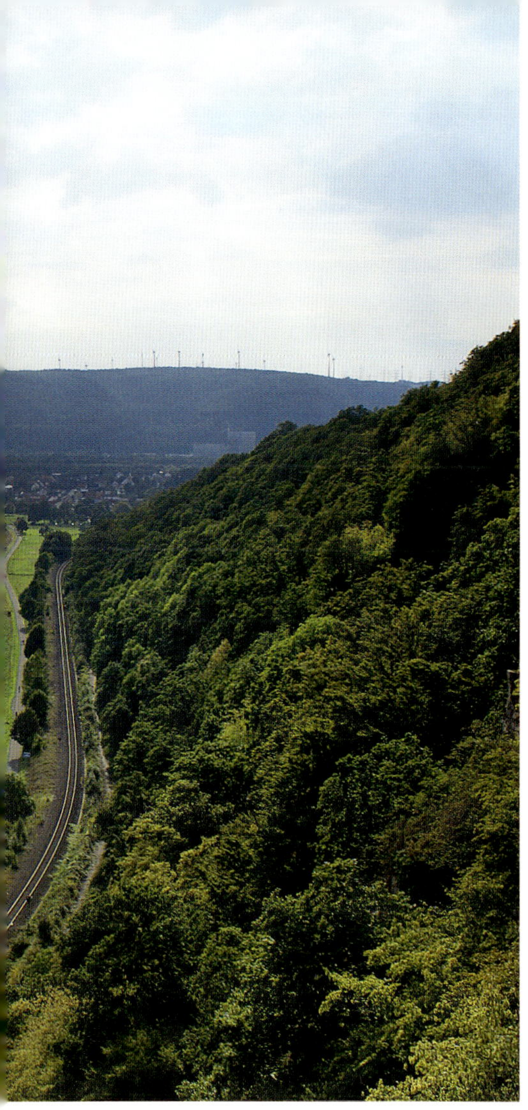

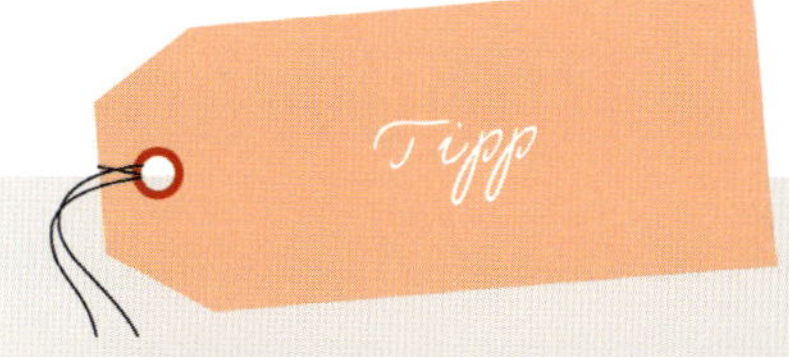

Besuchen Sie Bad Karlshafen, die nördlichste Gemeinde Hessens. Bad Karlshafen ist eine sehr gut erhaltene Barockstadt und ein anerkanntes Soleheilbad mit Gradierwerk. Zweibeiner können nach der Wanderung in der Weser-Therme relaxen. Von April bis Oktober werden Linienfahrten mit Weserschiffen nach Höxter und Oedelsheim angeboten.

abgeht. Hier biegen wir ein. Wir gehen geradeaus, bis wir linksseitig auf das **Café-Restaurant »Solling-Forellenhof« (5)** treffen. Weiter geht es geradeaus. Dann biegen wir links in einen Waldweg ein und folgen diesem bis zu einem Bach. Wir queren diesen und biegen rechts ab. Kurz vor der Straße kommen wir rechts an der **Donnereiche (6)** vorbei. Geradeaus über die Straße geht es zur der **Wüstung Schmeessen (7)**. Der Anblick ist nicht besonders spektakulär. Wir gehen daher links an der Straße entlang, bis rechts ein Waldweg abgeht. Wir queren die Straße und biegen in diese ein. Der Weg ist nun mit 9 ausgeschildert. Wir passieren die **Schmeessereiche (8)** (rechter Hand). An der nächsten Kreuzung biegen wir rechts ab. Wir gehen geradeaus, lassen die **Schutzhütte (9)** rechts liegen und passieren links den **Taufstein (10)**. Wir folgen dem Weg über eine Kreuzung. Links führt ein Schild zu den Hügelgräbern. Wir gehen geradeaus weiter und gelangen zu einer T-Kreuzung. Hier wenden wir uns nach links. Wir sind nun wieder auf dem BR1. An der nächsten T-Kreuzung halten wir uns rechts. Wir gehen geradeaus, bis wir wieder den »Solling-Forellenhof« vor uns sehen. Wir sind hungrig und durstig – Zeit zur Einkehr.
Zurück geht es den gleichen Weg, den wir vom Weser-Skywalk gekommen sind. Wir biegen rechts in den Holzweg ab und folgen diesem bis zum Parkplatz an der Weser.

25 Sababurg, Tierpark und Rundwanderweg Kuhberg

Das Märchenschloss der Brüder Grimm

Die Sababurg erhebt sich über den Tierpark inmitten des Reinhardswaldes. Wegen der langen und hohen Dornenhecke am Fuße der Burg, die dazu diente die eigene Tierhaltung vor Wildtieren zu schützen, gab der Volksmund der malerischen Ruine den Namen »Dornröschenschloss«.

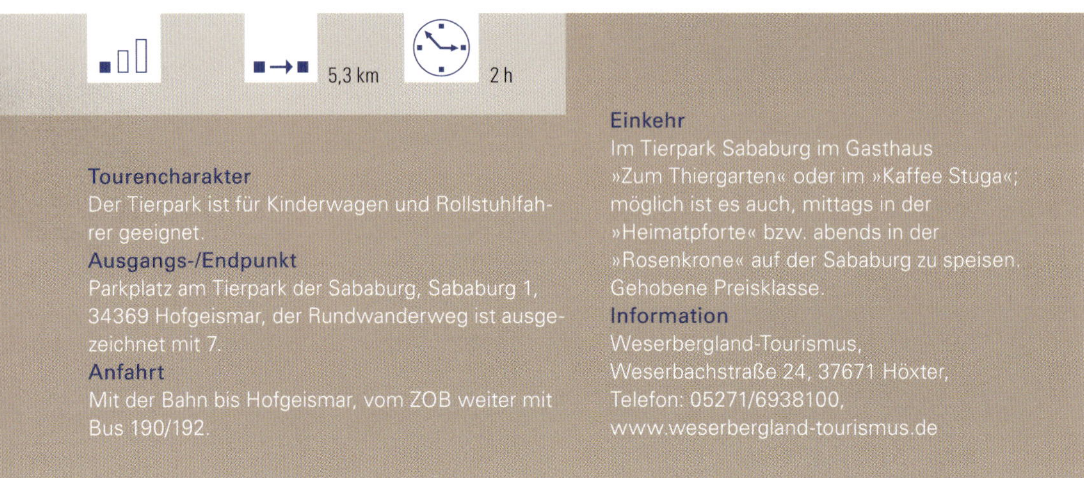

5,3 km

2 h

Tourencharakter
Der Tierpark ist für Kinderwagen und Rollstuhlfahrer geeignet.

Ausgangs-/Endpunkt
Parkplatz am Tierpark der Sababurg, Sababurg 1, 34369 Hofgeismar, der Rundwanderweg ist ausgezeichnet mit 7.

Anfahrt
Mit der Bahn bis Hofgeismar, vom ZOB weiter mit Bus 190/192.

Einkehr
Im Tierpark Sababurg im Gasthaus »Zum Thiergarten« oder im »Kaffee Stuga«; möglich ist es auch, mittags in der »Heimatpforte« bzw. abends in der »Rosenkrone« auf der Sababurg zu speisen. Gehobene Preisklasse.

Information
Weserbergland-Tourismus,
Weserbachstraße 24, 37671 Höxter,
Telefon: 05271/6938100,
www.weserbergland-tourismus.de

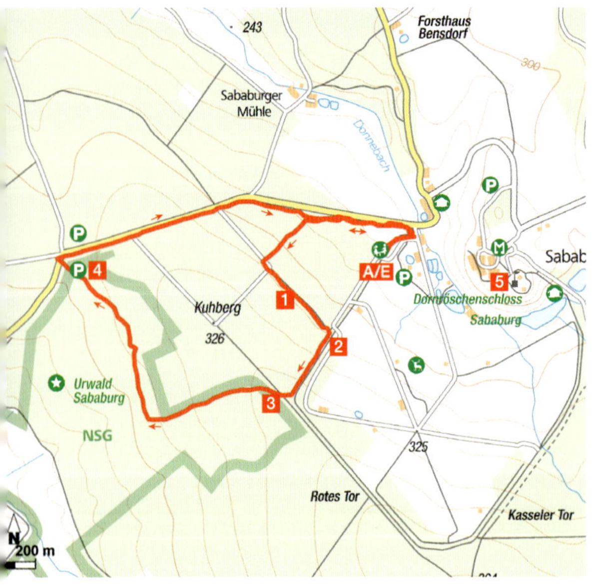

Dornröschenschloss Sababurg (5)

Heute beherbergt die über 675 Jahre alte Schlossanlage ein romantisches Hotel, ein Restaurant und Café sowie ein Standesamt.

Von April bis Oktober kann die Außenanlage mit Burggarten, dem Märchenrundgang und der Turmbesteigung täglich von 10–17 Uhr besucht werden, Eintritt: 4 Euro, www.sababurg.de.

Man kann bis zur Sababurg hochfahren oder man geht vom Parkplatz am Tierpark nach rechts, am Tierpark vorbei und folgt der Ausschilderung den Berg hoch. Der Weg ist etwa 700 Meter lang.

Tierpark

Der Tierpark ist ganzjährig geöffnet, hat allerdings variable Öffnungszeiten. Hunde können angeleint mitgebracht werden. Das Gelände des Tierparks ist etwa ebenso groß wie das Areal des Rundwanderweges um den Kuhberg. Die Fütterungszeiten der Tiere und genaue Öffnungszeiten finden Sie unter: www.tierpark-sababurg.de.

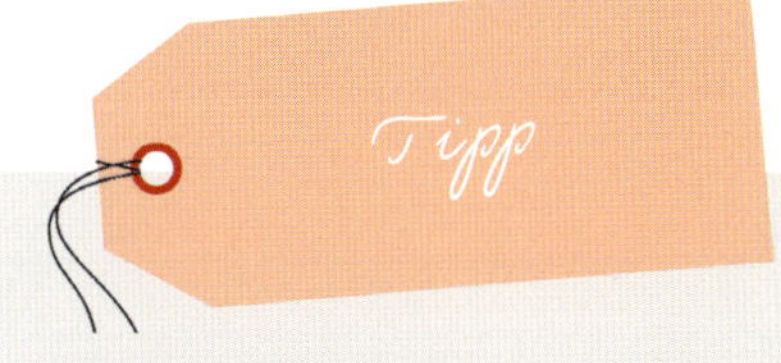

Der perfekte Tag

Aufstieg zum Dornröschenschloss, dann den »Urwald«, Hessens erstes Naturschutzgebiet, entdecken, danach den Tag in Europas ältestem »Thiergarten« mit Schafe- und Kaninchenkuscheln ausklingen lassen.

Rundwanderweg Kuhberg

Wir wenden uns vom **Parkplatz am Tierpark (A/E)** aus nach links und gehen auf dem Fußweg entlang, bis links ein Weg abgeht. Hier biegen wir ein. Wir nehmen die nächste Abbiegung rechts. An der nächsten Weggabelung biegen wir links ab. Wir folgen dem Weg etwa 300 Meter und biegen dann links ein. Wir gehen nun ungefähr 400 Meter am **Wildschweingehege des Tierparkes (1)** entlang bis zu der aus Buntsandstein errichteten **Mauer (2)**. Wir wenden uns nach rechts und gehen leicht bergan. Nach etwa 400 Metern, am Ende der Tierparkmauer, gehen wir über Waldwege und Holzstege. An einer Abzweigung biegen wir rechts ab und passieren den **»Urwald« (3)**, ein seit 100 Jahren nicht mehr bewirtschafteter Wald. Wir folgen dem Weg bis zum **Parkplatz Drecktor (4)** mit den Wandertafeln »Urwald« und »Drecktor«. Hier wenden wir uns nach rechts und gehen auf dem parallel zur Straße verlaufenden Weg etwa 1,7 Kilometer bis zum Parkplatz am Tierpark zurück.

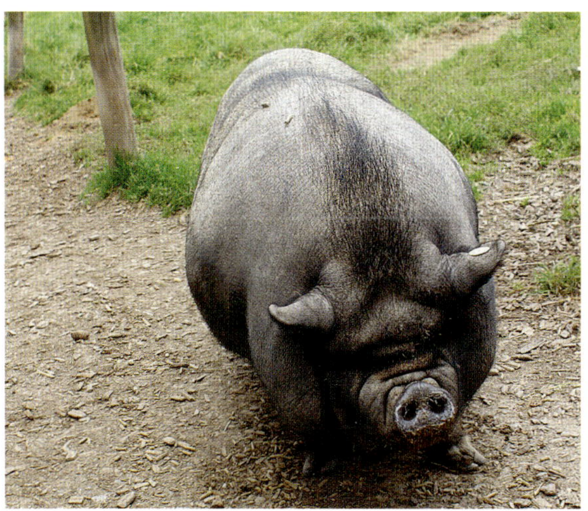

»Rosa«, »Rudolphine« oder »Brigitte Bardot« – egal wer uns hier anlächelt, die Hängebauchschweine im Tierpark Sababurg sind auf jeden Fall eine Reise wert.

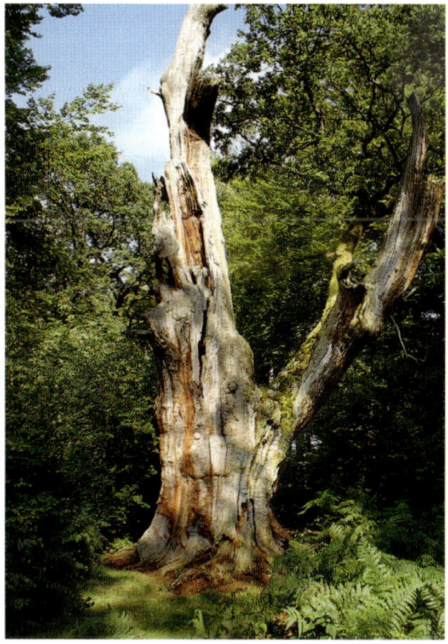

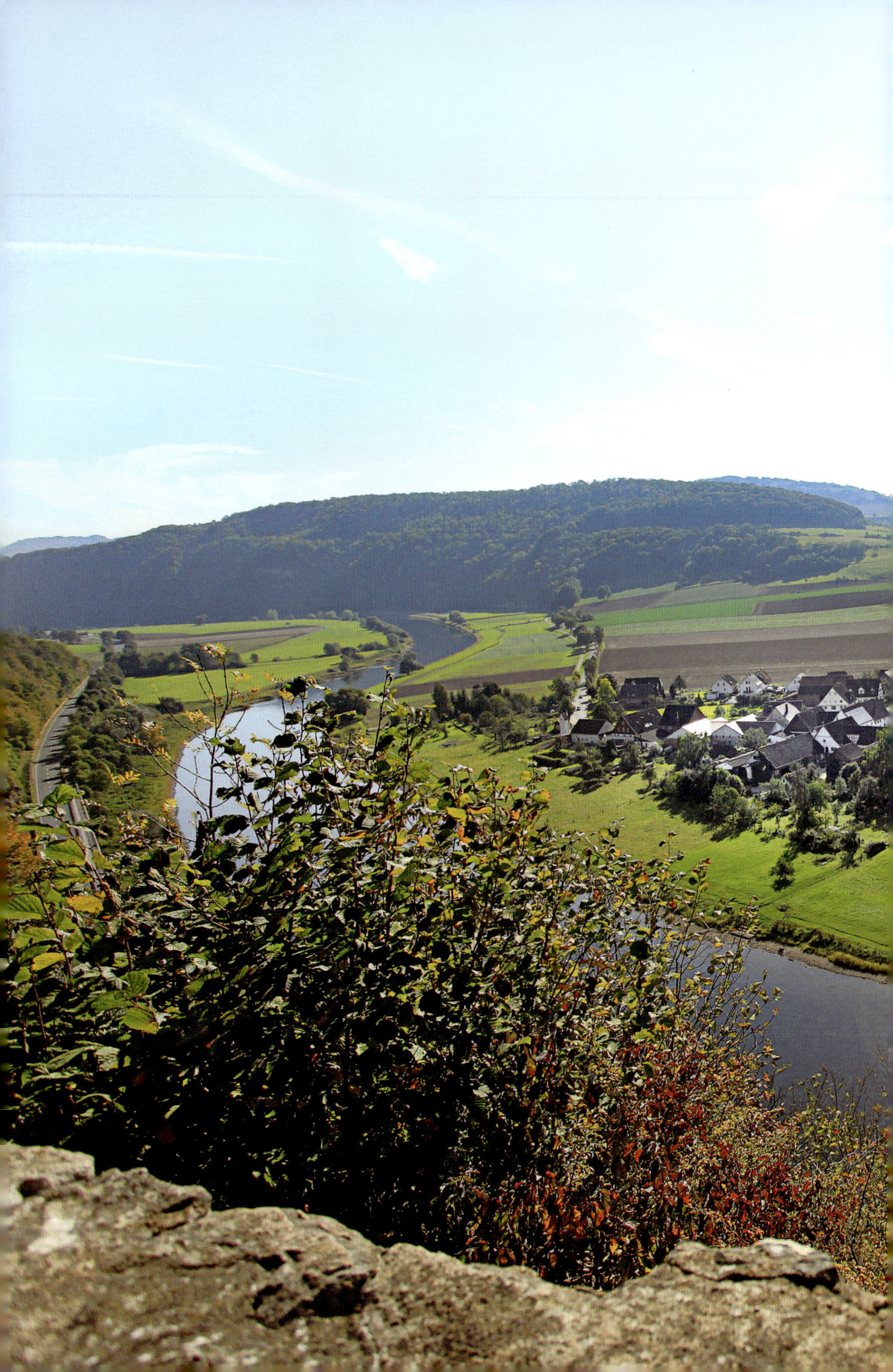

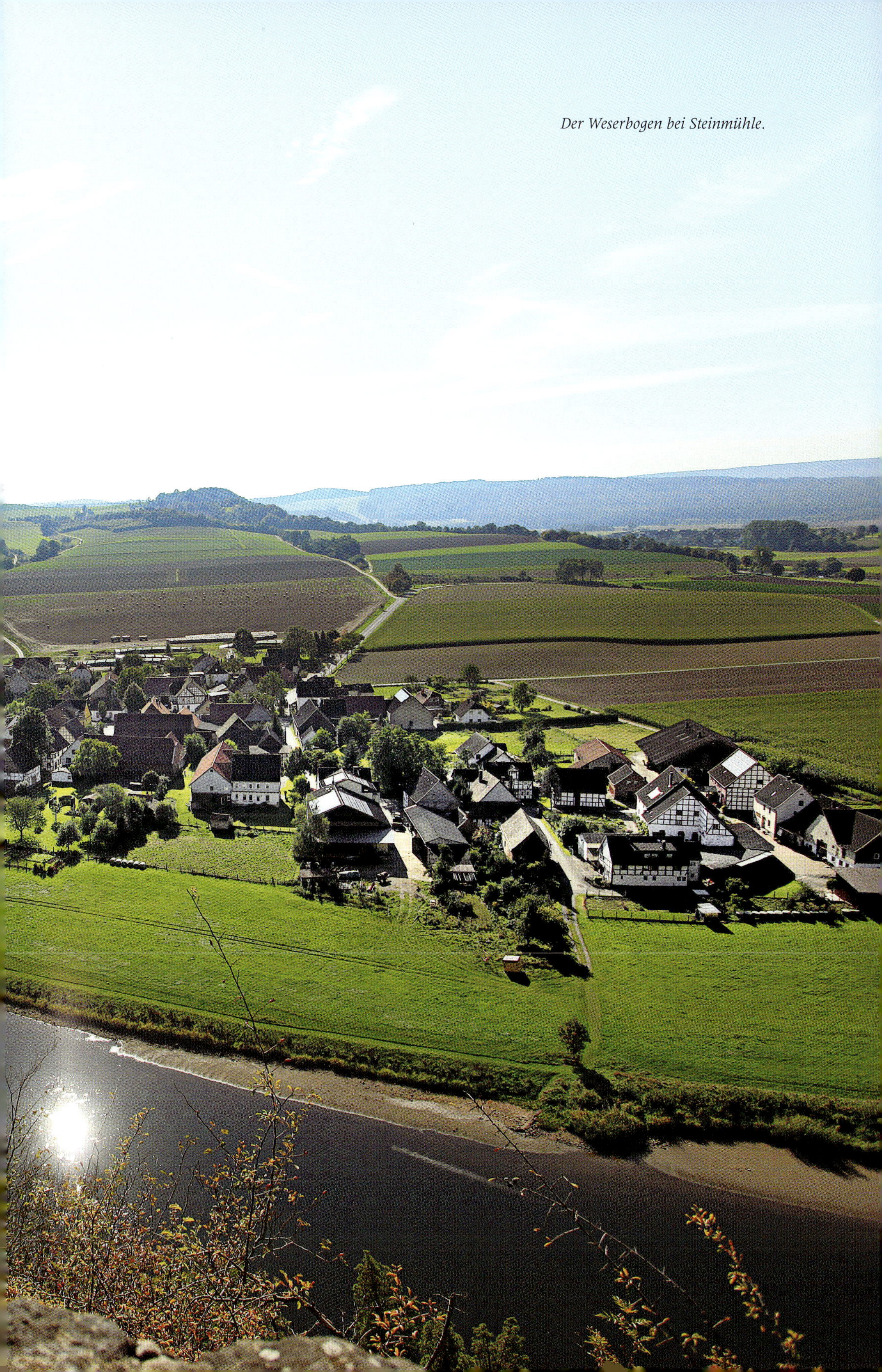

Der Weserbogen bei Steinmühle.

Register

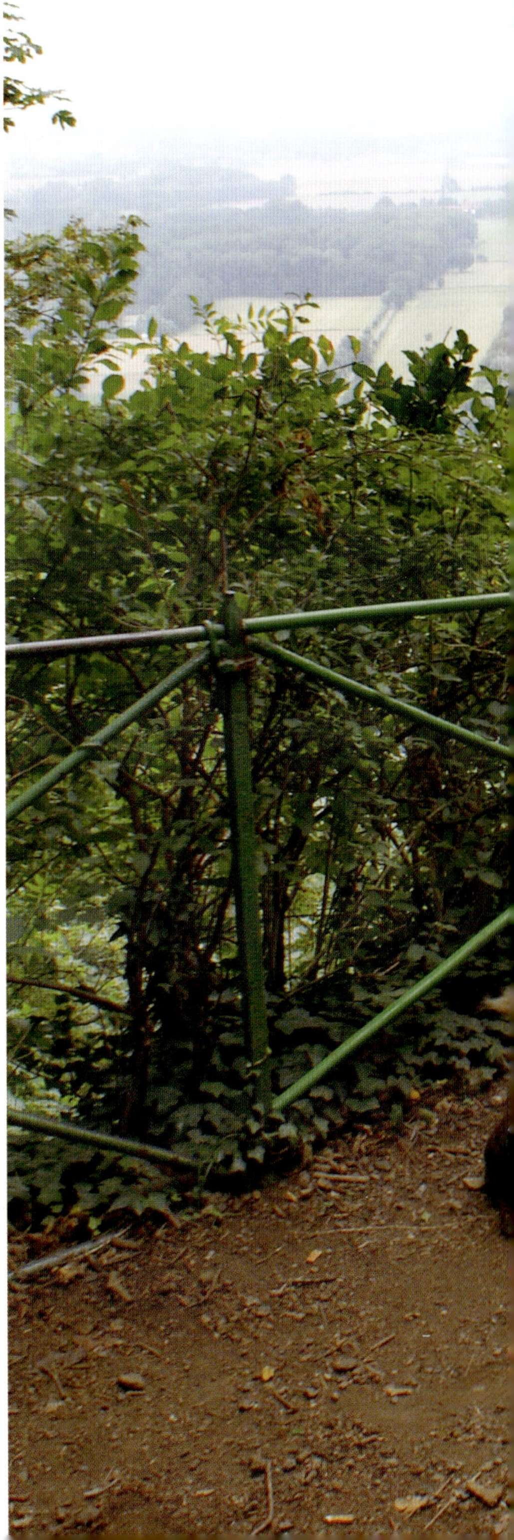

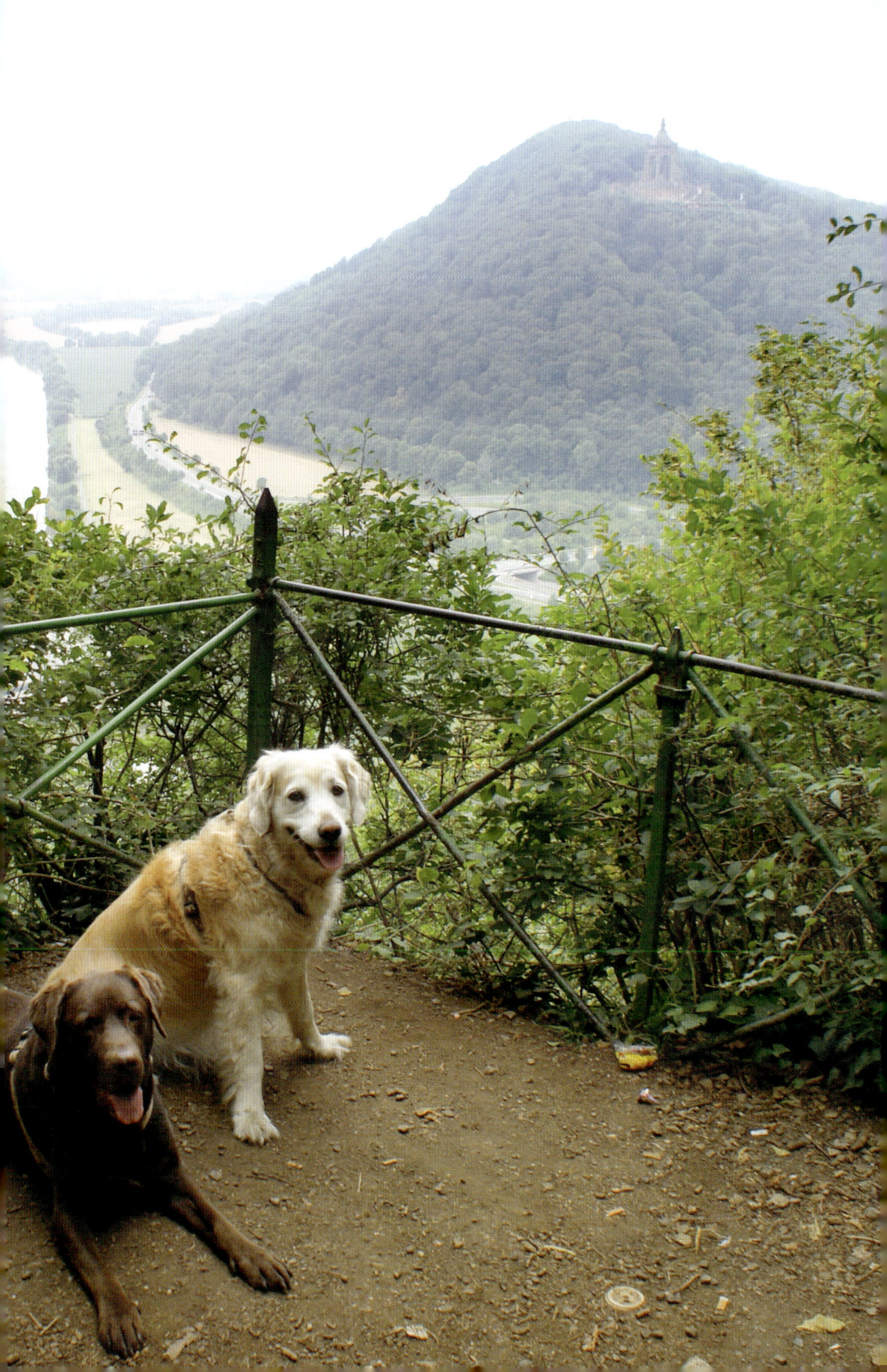

Bildnachweis

Maria Hass: S. 31–33;
Tanja Meuthen-Copertino: Foto der Autorin;
Gabriele Voigt-Papke: S. 9–11, 13–15, 17, 19, 21, 23, 41–42, 44–45, 47–49, 61, 73, 75, 77–79, 81–83, 85–86, 89, 92–93;
Alexander Weske: Einband vorne, Einband hinten, 6–7, 24–25, 27–29, 35, 37, 38–39, 50–53, 55–59, 63–65, 67–69, 71, 90–91, 95;
Florian Weske: Foto des Autors.

Impressum

ISBN: 978-3-95400-695-3
Druck: Florjančič Tisk d.o.o. / Slowenien
Umschlaggestaltung: Thomas Uhlig
Gestaltung: Eva-Maria Klaffenböck
Satz: Sutton Verlag, Erfurt
Kartografie: Heidi Schmalfuß, München

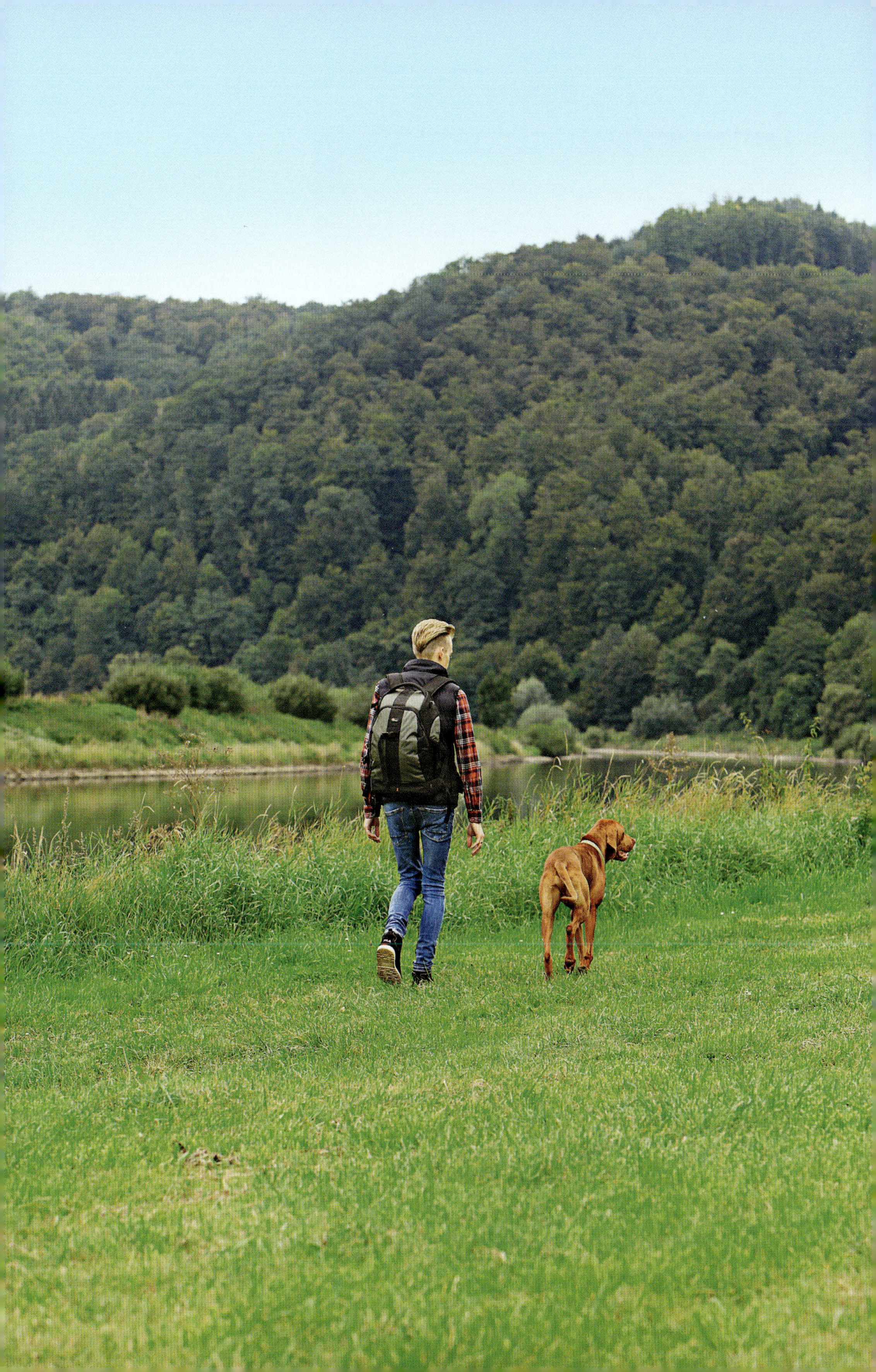

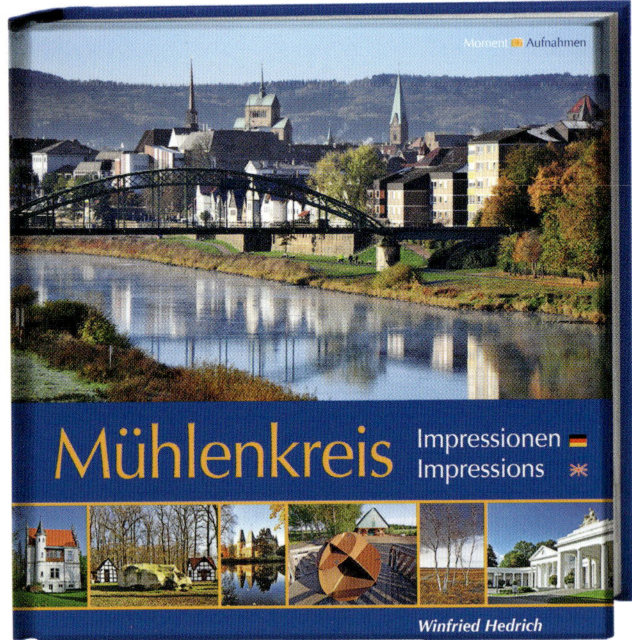

Mühlenkreis
Impressionen

Winfried Hedrich

978-3-95400-153-8
14,95 €

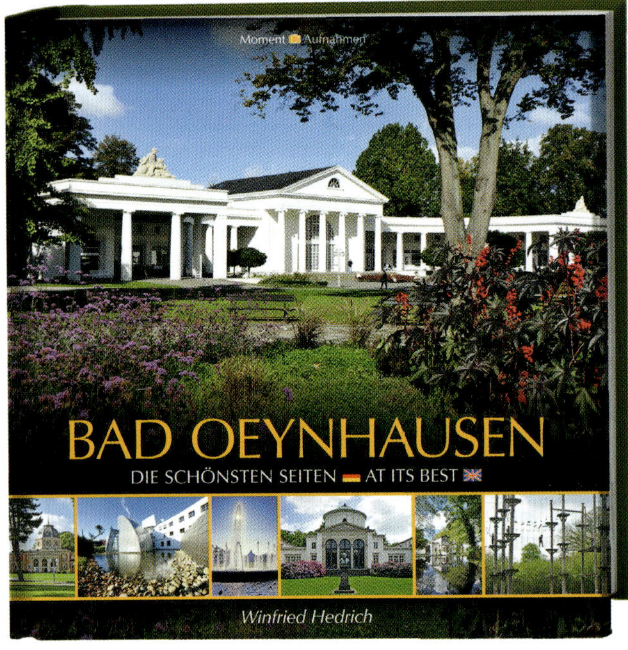

Bad Oeynhausen
Die schönsten Seiten –
At its best

Winfried Hedrich

978-3-86680-236-8
14,95 €